中华文化风采录

古老历史遗产

远古的祖先

周丽霞 编著

北方妇女儿童出版社
·长春·

版权所有　侵权必究

图书在版编目(CIP)数据

远古的祖先 / 周丽霞编著. —长春：北方妇女儿童出版社，2017.1（2022.8重印）

（古老历史遗产）

ISBN 978-7-5585-0668-0

Ⅰ．①远… Ⅱ．①周… Ⅲ．①远古文化－介绍－中国－古代 Ⅳ．①K210.3

中国版本图书馆CIP数据核字(2016)第311486号

远古的祖先

YUANGU DE ZUXIAN

出 版 人	师晓晖
责任编辑	吴　桐
开　　本	700mm×1000mm　1/16
印　　张	6
字　　数	85千字
版　　次	2017年1月第1版
印　　次	2022年8月第3次印刷
印　　刷	永清县晔盛亚胶印有限公司
出　　版	北方妇女儿童出版社
发　　行	北方妇女儿童出版社
地　　址	长春市福祉大路5788号
电　　话	总编办：0431-81629600
定　　价	36.00元

序言

习近平总书记说："提高国家文化软实力，要努力展示中华文化独特魅力。在5000多年文明发展进程中，中华民族创造了博大精深的灿烂文化，要使中华民族最基本的文化基因与当代文化相适应、与现代社会相协调，以人们喜闻乐见、具有广泛参与性的方式推广开来，把跨越时空、超越国度、富有永恒魅力、具有当代价值的文化精神弘扬起来，把继承传统优秀文化又弘扬时代精神、立足本国又面向世界的当代中国文化创新成果传播出去。"

为此，党和政府十分重视优秀的先进的文化建设，特别是随着经济的腾飞，提出了中华文化伟大复兴的号召。当然，要实现中华文化伟大复兴，首先要站在传统文化前沿，薪火相传，一脉相承，弘扬和发展5000多年来优秀的、光明的、先进的、科学的、文明的和自豪的文化，融合古今中外一切文化精华，构建具有中国特色的现代民族文化，向世界和未来展示中华民族具有独特魅力的文化风采。

中华文化就是中华民族及其祖先所创造的、为中华民族世世代代所继承发展的、具有鲜明民族特色而内涵博大精深的优良传统文化，历史十分悠久，流传非常广泛，在世界上拥有巨大的影响力，是世界上唯一绵延不绝而从没中断的古老文化，并始终充满了生机与活力。

浩浩历史长河，熊熊文明薪火，中华文化源远流长，滚滚黄河、滔滔长江是最直接的源头，这两大文化浪涛经过千百年冲刷洗礼和不断交流、融合以及沉淀，最终形成了求同存异、兼收并蓄的辉煌灿烂的中华文明。

中华文化曾是东方文化的摇篮，也是推动整个世界始终发展的动力。早在500年前，中华文化催生了欧洲文艺复兴运动和地理大发现。在200年前，中华文化推动了欧洲启蒙运动和现代思想。中国四大发明先后传到西方，对于促进西方工业社会形成和发展曾起到了重要作用。中国文化最具博大性和包容性，所以世界各国都已经掀起中国文化热。

中华文化的力量，已经深深熔铸到我们的生命力、创造力和凝聚力中，是我们民族的基因。中华民族的精神，也已深深根植于绵延数千年的优秀文

序　言

化传统之中，是我们的精神家园。但是，当我们为中华文化而自豪时，也要正视其在近代衰微的历史。相对于5000年的灿烂文化来说，这仅仅是短暂的低潮，是喷薄前的力量积聚。

中国文化博大精深，是中华各族人民5000多年来创造、传承下来的物质文明和精神文明的总和，其内容包罗万象，浩若星汉，具有很强的文化纵深感，蕴含丰富的宝藏。传承和弘扬优秀民族文化传统，保护民族文化遗产，已经受到社会各界重视。这不但对中华民族复兴大业具有深远意义，而且对人类文化多样性保护也有重要贡献。

特别是我国经过伟大的改革开放，已经开始崛起与复兴。但文化是立国之根，大国崛起最终体现在文化的繁荣发展上。特别是当今我国走大国和平崛起之路的过程，必然也是我国文化实现伟大复兴的过程。随着中国文化的软实力增强，能够有力加快我们融入世界的步伐，推动我们为人类进步做出更大贡献。

为此，在有关部门和专家指导下，我们搜集、整理了大量古今资料和最新研究成果，特别编撰了本套图书。主要包括传统建筑艺术、千秋圣殿奇观、历来古景风采、古老历史遗产、昔日瑰宝工艺、绝美自然风景、丰富民俗文化、美好生活品质、国粹书画魅力、浩瀚经典宝库等，充分显示了中华民族厚重的文化底蕴和强大的民族凝聚力，具有极强的系统性、广博性和规模性。

本套图书全景展现，包罗万象；故事讲述，语言通俗；图文并茂，形象直观；古风古雅，格调温馨，具有很强的可读性、欣赏性和知识性，能够让广大读者全面触摸和感受中国文化的内涵与魅力，增强民族自尊心和文化自豪感，并能很好地继承和弘扬中国文化，创造未来中国特色的先进民族文化，引领中华民族走向伟大复兴，在未来世界的舞台上，在中华复兴的绚丽之梦里，展现出龙飞凤舞的独特魅力。

目录

远古人类——南部猿人

我国最早的人类"巫山人" 002

云贵高原的人类始祖元谋人 008

难断年代的人类祖母"资阳人" 014

江南最早的远古人类"长阳人" 019

湖南唯一旧石器人类"石门人" 024

猿人遗存——北部猿人

032 中华民族古文明代表"北京人"

039 亚洲北部古老直立人"蓝田人"

045 从古猿到古人过渡的"大荔人"

053 弥补古人类断代窗的"丁村人"

058 吉林最早的古人类"榆树人"

目录

人类遗迹——东部猿人

066　打破南方天荒的"下草湾人"

071　山东旧石器人类沂源猿人

077　和县完整的猿人头盖骨化石

082　南京古人类先民汤山猿人

086　开发台湾第一人的"左镇人"

远古人类

南部猿人

在我国南部,有着广阔的地域,这里有地势最低的平原,河汉纵横交错,湖泊星罗棋布,属于湿润的热带和亚热带地区。特殊的地理气候造就了适宜人类生存的环境,因此这里产生了我国最早的远古人类。

南部古代猿人主要有重庆巫山猿人、云南元谋人、四川资阳人、贵州穿洞人、湖北郧县人、湖北长阳人、湖南石门人等。随着这些远古猿人的演化,慢慢地成为我们中华民族的始祖,逐渐开启了中华文明。

我国最早的人类"巫山人"

巫山猿人遗址位于我国三峡腹地的重庆巫山县龙坪村龙洞堡西坡龙骨坡，这里除了发现的两件古人类化石外，还发现了一批石制品和120种古脊椎动物化石，其中哺乳动物化石116种。

■ 人类进化图

古人类生活场景

后经考证，这两件人类化石是生活在204万年~201万年前的巫山人。巫山猿人遗址被誉为"中国人类历史最早的摇篮"。

巫山县庙宇镇龙坪村，坐落在长江巫峡南岸，一个恰好位于北纬30°上的小山村，它距离长江边50千米，海拔800米左右。

龙骨坡是由石灰岩构成的山体，南坡有一巨大裂隙，称为"龙洞"。北侧与洞外沟谷相通，南侧伸向石灰岩内部，其中堆积大量的角砾、砾石、砂质黏土和黏土，堆积物由钙质胶结。

关于龙洞的来历，当地有这样的传说。说是有一天傍晚，在龙坪村的上空忽然升起了一团火球，随着一声巨响，龙坪西侧的石壁就四分五裂了，一条蛟龙钻出巨洞，变成白发老人，并顺着放牛娃手中的镰刀方向腾空而去。

重庆龙坪巫山人遗址从外形看，酷似一个猿人的头像，遗址的堆积物中有剑齿虎、桑氏缟鬣狗、大灵猫、乳齿象、爪蹄兽、巨羊和大熊猫小种等已灭绝的古动物化石。据初步推测，这些古老的动物种群至少超过100万年。

在这个山崖下，发现了带有两颗牙齿的一段人属下颌骨，从牙齿

■ 原始人类牙齿

和牙床的形态特征看，它与北京周口店的女性猿人非常相近，它的主人应该是人类。而从牙面的磨蚀程度看，这是一个老年女性的牙齿。"巫山能人"从此问世，她后来被命名为"巫山老母"。

在巫山含人属化石的黏土层中，还发现一颗猿人牙齿，初步确定为人类上门侧内齿。根据磨蚀程度和形态特征，判定这是一颗少女牙齿，于是便命名为"巫山少女"。

在当地广泛流传着一个美丽的巫山神女的故事，她是不是就是"巫山少女"的原型呢？传说巫山神女为天帝之女，也有说为华夏始祖炎帝之女，本名瑶姬，未嫁而死，葬于巫山之阳，因而为神。

炎帝的三女儿瑶姬是姐妹中最美丽、最聪慧、最多情的，她曾经多次梦见，有个英俊的王子骑着白马把她接走了，但是她总被灵鹊儿惊醒，打搅了她的美梦。瑶姬为情所困，慢慢地病倒了。花园里，小河边，再也听不到她那银铃般的笑声了。

炎帝虽是药神，但也无能为力，瑶姬去世了。她的尸身葬在花团锦簇的姑瑶山上，香魂逐渐化作了芬芳的瑶草。瑶草花色嫩黄，叶子双生，结的果实好似菟丝。传说女子若服食了瑶草果，便会变得非常漂

巫山有"渝东门户"之称，历史文化厚重，距今204万年前的龙骨坡"巫山人遗址"，是亚洲古人类起源地之一；距今5000年的"大溪文化"则是新石器文化的杰出代表；汉墓群出土的大量文物证明，巫山县的农业、手工业自汉代始即具有一定规模。

亮,并十分惹人喜欢。

据传说,瑶草在姑瑶山上,吸取了日月精华,若干年后,便修炼成了巫山神女,仍被人们称为瑶姬。

后来大禹治水,一路凿山挖河,他来到巫山脚下,准备修渠泄洪。突然间,狂风大作,直刮得地动山摇,飞沙走石,简直是暗无天日。巨浪滔天的洪峰,像连绵的山峦扑面而来。大禹措手不及,只好撤离江岸,去向巫山神女瑶姬求助。

瑶姬十分敬佩大禹治水的精神,也可怜那些背井离乡、倾家荡产的灾民,她于是传授给大禹差神役鬼的法术和防风治水的天书,帮助大禹止住了狂风。

瑶姬又派遣狂章、虞余、黄魔、大翳、庚辰、童律、鸟木田等神,用法宝雷火珠、电蛇鞭,将巫山炸开了一条峡道,让洪水经过巫峡,从巴蜀境内流出,涌入了大江。

> **天书** 是中华民族最原始的文化的象征。"天书"出现于中华民族的人文初祖太昊时期。据记载,人间最珍贵的图文河图和洛书就是"天书"。河图与洛书是中华民族最古老的文化遗产,确实是一部神奇的书。

■ 远古人类打造石器蜡像

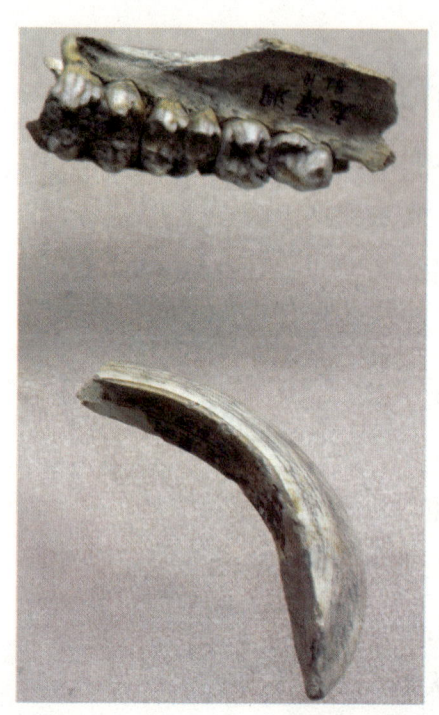

■ 化石标本

从此，饱受洪灾之苦的巴蜀人得到了拯救。又过了几千年，到了战国时期，楚怀王到云梦泽打猎，在高唐馆休息。在蒙眬之中，他看见一个十分美丽的女子款款向他走来，这女子说："我是炎帝的三女儿，名字叫瑶姬，我没有出嫁就去世了，在巫山成神了，我的精魂化为了仙草，成为了灵芝。"

楚怀王见这女子是天地阴阳的绝妙造化，蕴含有天地间的一切之美。她美丽的外表简直绝世无双，楚怀王于是顿生爱慕之心，便留下了一段美好佳话。

楚怀王梦醒后，却发现梦中美丽的女子已无影无踪了。他不能忘情于瑶姬，便到巫山上去寻找，只见峰峦秀丽，云蒸霞蔚，当地传说这云就是神女变的。楚怀王于是下令，在巫山临江一边修筑楼阁，称为"朝云"，以表示他对梦中女子的怀念。

瑶姬到底去哪儿了呢？其实她变为了神女峰，站在高高的山崖上，举目眺望，凝视着七百里的三峡，凝望着滔滔不绝的江水，凝视着江上的鸟、江畔的花、江心的帆。陪伴瑶姬的侍女们，也随瑶姬化作了巫山十二峰。

巫山神女峰的传说最早见于我国古代神话集《山海经》，在著名辞赋家屈原的《九歌·山鬼》和宋玉的《高唐赋》以及《神女赋》中都有描述。

《山海经》是我国先秦古籍。其全书现存18篇，据说原有22篇。分为《山经》和《海经》两大部分，是一部富有神话传说的最古老的地理书。对古代历史、地理、文化、中外交通、民俗、神话等研究，均有重要的参考价值。

在当地传说中，也有说巫山神女瑶姬是王母娘娘的女儿，是一个帮助大禹治水、造福生灵的女神。她帮助大禹治水成功后，就定居在了巫山，后来变成了著名的巫山十二峰之一的神女峰。

从唐代开始，巫山就有了神女庙，而且历史上曾经多次重建，其遗址后来都还存在。据《巫山县志》记载，当地农历七月初七为神女节。在过节这天，远近妇女都到神女庙来祭祀。

巫山女神也许就是巫山人的原型。在龙骨坡化石点的"巫山老母"和"巫山少女"两件人类化石，其绝对年代，经古地磁、ESR和氨基酸3种方法测定，距今有240万年~180万年了。它们代表了中华大地迄今最早的人类活动遗址和最原始的文化，那就是龙骨坡史前文化。

"巫山猿人"是已经发现的我国乃至东亚最早的古人类，其化石揭示了人类发展的进程，填补了我国早期人类化石的空白，对于研究人类的起源和三峡河谷的发育史，具有极为重要的价值。

阅读链接

1984年，考古队对万县盐井沟及其他化石点进行实地考察。一位乡村医生为他们提供了线索。他说，20世纪60年代末的一天，他正在龙坪山坡采药，在一丛何首乌的旁边偶然捡到一根骨头，他认出这正是药铺里的"龙骨"。

1985年，考古工作者在重庆巫山县庙宇镇龙坪村龙骨坡，发掘出一段带有两颗白齿的残破直立人左侧下颌骨化石以及一些有人工加工痕迹的骨片。次年又发掘出3枚门齿和一段带有两个牙齿的下牙床化石。此外，遗址中还出土了116种早更新世初期的哺乳动物化石。

经学者研究，龙骨坡遗址出土的遗物代表了一种直立人的新亚种，后被定名为"直立人巫山亚种"，一般称之为"巫山人"，距今204万年~201万年。

云贵高原的人类始祖元谋人

元谋人头部复原石像

在我国云南省元谋县大那乌村北的山麓，发现了具有我国最早的人类特征的化石之一，就是"直立人元谋新亚种"，简称"元谋人"。

"元谋人"的发现，将我国人类历史向前推进了100多万年，表明云南是人类起源与发展的关键地区和核心地区之一，为人类起源与发展多元中心论提供了强有力的科学支持，"元谋人"作为我国人类历史的开篇，自此被载入史册。

"元谋"是傣语。"元"意为"飞跃"和"交配"之意，

"谋"意为马，即骏马的意思。汉朝时，这里的居民把家马放牧于山下，而元马之神自河中跃出与之交配产下骏驹，居民把它看作神。于是为它立祠。此地"灵泽所钟，常产好马，故命地为马"。县城北有元马河，元谋与元马意思一样。元朝在1279年设置元谋县。

我国云南省境内约有6%的地区为山间盆地，在这些盆地的地层中保存了气候环境变迁的信息，更蕴藏有宝贵的动植物化石。

云南元谋盆地属于南亚热带气候燥热的河谷区，平时气候干燥炎热，光热资源充足，是种植亚热带作物的好地方，非常适宜古人类生存。

元谋盆地雨季受印度洋西南季风影响，雨量充沛。从距今500万年~100万年的气候变迁与东非大裂谷相似，两地虽然相距遥远，但具有相似的地质与环境变迁背景，同样适合于早期人类进化。

在元谋人的遗址中，出土了云南马、剑齿虎、剑齿象等早更新世动物化石、打制石器及炭屑等。元谋人距今有170万年，属于旧石器时期早期的古人类。

元谋古猿化石的发现，填补了我国上新世该类型古猿化石材料的空白。同时，对研究我国人类起源、

■ 元谋人头部复原石像

更新世 是第四纪的第一个世，距今260万年~1万年。更新世中期是全球气候和环境变化的一个重要时期，当时气候周期转型，全球冰量增加，海平面下降，哺乳动物开始迁徙或灭绝。

■ 早期直立人形象

演化与地理分布，提供了珍贵的实物资料。

在云南元谋人遗址中，元谋人的化石包括两枚上内侧门齿，一左一右，属同一成年人个体。其石化程度深，颜色灰白，有裂纹几处。经过对元谋人牙齿化石的研究发现，其齿冠保存完整，齿根末梢残缺，表面有碎小裂纹，裂纹中填有褐色黏土。这两枚牙齿很粗壮，呈铲形，切缘部分较为扩张，唇面比较平坦，舌面的模式非常复杂，具有明显的原始人性质。

元谋人门齿的特点是，齿冠基部肿厚，末端扩展，略呈三角形。舌面底结节凸起，有发达的铲形齿窝。齿冠舌面中部的凹面粗糙，中央的指状突很长，集中排列在靠近外侧的半面。

在元谋人遗址中，还发现元谋人化石的地层中出土石器3件。另外，在同一地点采集到石器3件，推测是被雨水冲刷露出地表，也被视为元谋人的石器。

元谋人化石存在的地层中发现的3件石器均为石英岩制造的刮削器。

一件是两刃刮削器，由石片制成，从石器上的人工加工痕迹来看，可能是砸击修理的；另一件为复刃

> 石片 是一个打制石器技术的术语。在打制石器的过程中，需要在作为原料的石块上通过击打使得石块的一部分剥落，这个剥落下来的部分就叫作石片。

刮削器，由小石块制成，三边有加工痕迹，略呈长方形，应是复向加工而成；还有一件是端刃刮削器，也由小石块制成，也为复向加工而成。

3件采集到的石器中：其一为石核，呈梭形，单台面；其二为石片，其原料为红色砂岩，长略小于宽，打击点散漫；其三为尖状器，由石英岩石片制成，左侧单面加工，右侧两面加工，在中轴相交，属正尖尖状器。

通过这些石器可以得知，元谋人会用锤击法制造以及修理石器，会制造刮削器和尖状器，且工具尺寸不大。在发现元谋人化石的地层中还发现有许多炭屑，常与哺乳动物化石伴生。

在元谋人遗址中，还发现了两块黑色骨头，经鉴定可能是被烧过的。另外还发现有大量炭屑。有研究者认为，这些是当时人类用火的痕迹。

在元谋人遗址中，总共出土石器17件，其中地层出土7件，地表采集到10件。通过共存的动植物化石来推测，将元谋人地层第三、第四段的动物化石称之为元谋动物群，认为是与元谋人共生的动物。

> **上新世** 是地质时代中第三纪的最新的一个世，它从距今530万年开始，到距今180万年结束。上新世前是中新世，其后是更新世。这个时期的地质、气温以及环境都维持在一个相对平稳的范围内，没有太大的波动。科学家将这一时期称之为"人类生存发展的安全空间"。

■ 猿人打制石质工具画面

■ 猿人生活场景

第四纪 是新生代的第二个纪。时间是从距今300万年至现代，延续了约300万年。第四纪形成的地层叫第四系。第四纪有两大特点：一是此期气候变化剧烈，高纬度地区发生过多次冰川，中、低纬度地区也受到很大影响；二是人类出现，直立人和智人都在此期大量出现和迅速发展。

与元谋人共生的哺乳动物化石，有泥河湾剑齿虎、桑氏缟鬣狗、云南马、爪蹄兽、中国犀、山西细鹿等29种。全部为绝灭种，部分属于上新世和早更新世的残余物种，大多数为早更新世当地常见物种。

如果按照生活环境来考察，云南马等生活在草原上，细鹿、湖麂等生活在热带雨林中，竹鼠、复齿鼯兔等动物生活于灌木丛之中，泥河湾剑齿虎等生活于森林之中。

根据植物孢子的分析，元谋人时期的树木主要以松属植物为多，还有榆树等，草本植物则更多。有人根据动物化石及植物孢子粉分析，认为当时的自然环境为森林草原景观，气候比较凉爽。

关于元谋人化石的地质时代和绝对年代，一种观点认为属早更新世晚期，距今170万年左右。根据与元谋人伴生的哺乳动物的研究和与北京人牙齿的比较,似乎更为原始。另一种意见认为,在中更新世,根据元谋人的化石层,距今60万~50万年或更晚。

传说,元谋人后来北上,他们越过金沙江,到达甘肃、青海后成为古羌戎人,还有的元谋人继续往东北,越过白令海峡进入美洲,就成了印第安人的祖先。

经过对元谋人所发现石器的研究,表明元谋人所处时期为旧石器时期早期。如果将元谋人的年代定位为170万年前,那么元谋人就是我国境内最早的古人类之一。

元谋人的发现,是继我国北方发现的北京猿人和蓝田猿人之后的又一重要发现,对进一步研究我国古人类和西南地区第四纪地质,具有重要的科学价值。

阅读链接

1937年春天,中国地质调查所派人去云南开展调查。在昆明附近的山洞里发现了一些动物化石和旧石器,他们就感觉到了远古人类的气息。

1965年初,为配合四川攀枝花地区的建设和成昆铁路的勘察设计,中国地质科学院组成一个西南地区的新构造研究组。研究组在云南省楚雄彝族自治州元谋县一个叫"上那蚌"的地方发现了几颗半露出地面的云南马化石,在这几颗化石旁边还有两颗类似牙齿的化石。

经过比较,这两颗牙齿似乎是两枚上两侧门齿,一左一右,经过研究鉴定,认为这两枚牙齿化石基本形态可以与周口店北京人同类牙齿相比较,因此被定为直立人种中的一个亚种,并以发现这一化石产地的元谋县城命名,定为"直立人元谋亚种",简称为"元谋人"。

难断年代的人类祖母"资阳人"

"资阳人"是在我国四川省资阳县城西黄鳝溪发现的西南地区旧石器时期的晚期人类化石,属晚期智人。化石为3.5万多年前的女性头骨化石,是已知的四川人最早的祖先,时年在50岁左右。

资阳市地处四川盆地中部,北靠成都、德阳,南连内江,东接重庆、遂宁,西邻眉山。公元前135年的西汉时期设置县,后设置州、郡,因位于资水之北而得名资阳。

"资阳人"化石为一个较完整的头骨。面骨保存有上颌骨的一部分,颅底大部分缺失,另外还有硬腭一块。头

资阳人头骨化石

■ 晚期智人生活场景浮雕

骨较小，表面平滑圆润，额结节和顶结节都明显突起，额部较丰满。

头骨的内面骨缝几乎全部愈合，这说明是一位50岁以上的老年妇女的头骨化石。资阳人头骨的形态特征与现代人基本相似，头骨高大，最宽处在头两侧的上方。

但另外，资阳人又具有某些原始性质，如眉弓很显著，额骨和顶骨较现代人稍扁，从而表明其脑容量不大。头骨正中有稍突起的脊。

资阳人头骨与山顶洞人有某些相似性质，如具有明显的鼻前窝，头正中有类似的矢状脊，顶骨在正中线两侧的部分比较扁平，鼻较高而窄等。

资阳人遗址中还有一件骨锥，地质时代为晚更新世。骨锥底部缺失，残长10多厘米，锥尖钝而光滑，

晚更新世 晚更新世也称上更新世，年代测定为12.6万年~1万年，是第四纪中更新世的最后阶段。许多巨型动物在此期间灭绝，现代人类物种淘汰了其他人类物种。在晚更新世人类传播的足迹到达世界各大洲，除南极洲以外。

■ 晚期智人男性形象塑像

呈深褐色。锥身有刮削加工的条痕。

与资阳人化石伴生的哺乳动物化石主要有鬣狗、虎、马、中国犀、猎、麂、水鹿、大额牛和东方剑齿象等。经研究认为，这些动物化石分属中更新世和晚更新世两个时代，人类化石与后者同时。从这些性质的一致来看，似乎"资阳人"与山顶洞人是有一定关系的。

资阳人遗址中的一件树木化石的放射性碳-14断代年代数据检测，为距今7500年，有人据此认为资阳人属于新石器时代。

由此可见，"资阳人"是旧石器晚期的早期新人类型，远比"北京人"进步，但比"山顶洞人"原始，其生活年代距今在10余万年至数万年之间。

"资阳人"出土地点附近发现了打制石器，仅在蒙溪河支流鲤鱼桥河口东岸就有20件，都属于旧石器

中国犀 板齿犀亚科中一个年代较早的大型成员，其化石最早被发现于伊朗，在我国南部出土了更多的化石。中国犀是上新世更新世时期我国南方著名的"剑齿象、大熊猫、中国犀动物群"的重要成员，但并没有像剑齿象和大熊猫一样存活到更新世，而是在晚上新世就已经灭绝了。

晚期。大约在2.5万年前，资阳人用天然石块略加打制，作为他们的生产工具，用以狩猎和采集活动。

"资阳人"遗址附近地层堆积比较复杂，从顶部的距今2170年到底部的3.93万年，早晚都有。尽管资阳人化石出土层位不十分确切，但根据头骨形态及测量数据所表现出的若干原始性质，仍可肯定它是旧石器时期晚期的人类。

"资阳人"这位50岁左右的女性，以她仅存下来的一颗牙判断，这位人类的老祖母犯有严重的牙病。不过"资阳人"头骨化石上部只有眉骨以上的上脑部分。

关于资阳人时代，陆续有一些新的资料和看法，但仍难以肯定。曾经做过多次碳-14测定，但所测标本是植物化石，是否与资阳人骨化石同一时代，也难以肯定。从"资阳人"复原像可以看出具有如此特征：

中更新世 是更新世中间的一个时期。更新世亦称洪积世，是地质时代第四纪的早期。地球历史上的更新世和考古学上的旧石器时期相当。根据动物群的性质、堆积物的特点和其他环境变化的因素，1932年，国际第四纪会议确定将更新世划分为早、中、晚3个时期。

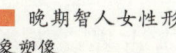
■ 晚期智人女性形象塑像

一是男性化特征。在当时生存环境极为恶劣的情况下，男女体型特征应当是很小的。

二是刚毅的特征。要同猛兽和大自然做斗争，没有刚毅的性格，仅存纤柔之躯是绝对不行的。

三是王者风范。可以设想，50岁的她应该是一位德高望重的部落首领，面对猛兽或异族的侵袭，她显得胸有成竹，指挥若定。

四是年富力强。哪怕她是病死的、饿死的、老死的，仍然能够展示出旺盛的生命力和年富力强的"资阳人"形象。

五是母亲形象。50岁的远古女性，应是南方人类的母亲。

六是美感特征。刚毅、王者风范、年富力强且饱经沧桑，和她在古人类史上仅有的女性特征，最终体现在一个"美"字上，美是沟通世界的桥梁。

"资阳人"的发现，虽然只是一具头骨，而她在我国乃至世界的考古界、人类史学界都是十分重要的。随着时代的进步和社会的发展，人类的寻根意识、研究意识不断增强，它已经成为我国民族历史、民族精神的一面鲜艳旗帜，是珍贵的文化宝藏。

> **阅读链接**
>
> 1951年，在四川省资阳县城西黄鳝溪修建铁路桥时，发现了远古人类头骨化石，由世界级专家、古脊椎动物研究所经过长达6年的研究，认定化石为3.5万多年前的女性头骨化石，是当时已知的四川人最早的祖先，年龄在50岁左右，并命名为"资阳人"。
>
> 后来，资阳市雁江区委宣传部和民间泥塑师决定要为蜀人祖先造像，他们一边收集资料，一边准备塑材。资阳市雁江区文化局和区文管所又拿出馆藏文物"资阳人"头骨化石复制件，让他们参考。经过图文资料研究分析和画草图，通过数十次修改，他们终于完成了"资阳人"复原的半身像。

江南最早的远古人类"长阳人"

"长阳人"即长阳古人类化石，发现于我国湖北省长阳土家族自治县西南下钟家湾村一个称为"龙洞"的石灰岩洞穴中，距今19.5万年，是旧石器时代中期的人类。

长阳人介于猿人和现代人之间，与北京猿人末期年代相当，属早

古人生活再现

■ 猿人头骨化石

期智人，是我国长江以南最早发现的远古人类之一。

"长阳人"的问世，说明了长江流域以南的广阔地带也是我国古文化的发祥地，以及中华民族诞生的摇篮。"长阳人"是世界人类进化发展于古人阶段的典型代表，它填补了人类中更新世后期和亚洲长江流域两个空白，也进一步否定了"中华文明西来说"。

长阳地处鄂西南山区，这里山岭纵横，植被丰富，洞穴较多，这就为远古人类居住和生存提供了较优越的条件。在这些溶洞中，蕴藏着较为丰富的古脊椎动物化石，且早在清代就被发现。

据同治年间的《长阳县志》记载：

> 据得此物，骨脑如巨兽，身盘穴口二周，其刺骨如猪肋而锐，有四齿，粗如巨指，长三寸，板牙四枚，径半寸，长二寸……深山古洞中，多有此物，舐之粘舌者龙蜕也。

在"遗闻"中也有出土化石的记载。由于当时科学的落后，当地人们将这些古脊椎动物化石统称为

同治（1856-1875），是爱新觉罗·载淳的年号，爱新觉罗·载淳是清朝第十位皇帝，也是清军入关以来第八位皇帝。为清文宗咸丰帝长子，母为孝钦显皇后叶赫那拉氏。在位13年。崩于皇宫养心殿，终年19岁。葬于河北省遵化清东陵之惠陵。庙号穆宗。

"龙骨"。

长阳人化石存在的"龙洞"为石灰岩洞穴。位于钟家湾村西北,洞口面向东南,洞内堆积除下部有大小不同的石灰岩碎块和底部靠洞壁的地方有局部的含碎石块和化石坚硬部分是角砾岩外,大部分堆积为深黄色松软的沙质泥土,在角砾岩和深黄色松软砂质泥土中均含有大量化石。

在原生地层中和松土中,还存有一颗人类的左下第二前臼齿,经测定,这是一颗距今10万多年的古人类牙齿化石,是长江以南古人类遗迹的首次发现。

与长阳人共存的还有象、猪、竹鼠、古豹、大熊猫、鬣狗、东方剑齿象、巨貘、虎、獾、鹿、牛、中国犀等大批南方常见的古脊椎动物化石。

"长阳人"化石包括一件不完整的、保留有第一前臼齿和第一臼齿的上颌骨,以及一颗单独的左下第二前臼齿。牙齿相当大,咬合面纹理复杂。齿冠较低,齿根很长,下第二前臼齿的齿根有两个分枝。

> **县志** 指我国记载一个县的历史、地理、风俗、人物、文教、物产、气候等的专书。一般20年左右编修一次。现存最早的我国地方志,是813年唐代李吉甫编的《元和郡县图志》。据1976年统计,我国仅现存的地方志即达8000多种,约12万卷。

■ **巨貘** 古哺乳动物。真貘科。个体极大,习性类似于河马。头骨较短而高。生存于我国更新世。化石经常发现于我国南方洞穴巨貘牙齿化石堆积中。由于环境的变迁,巨貘在1万年前灭绝。

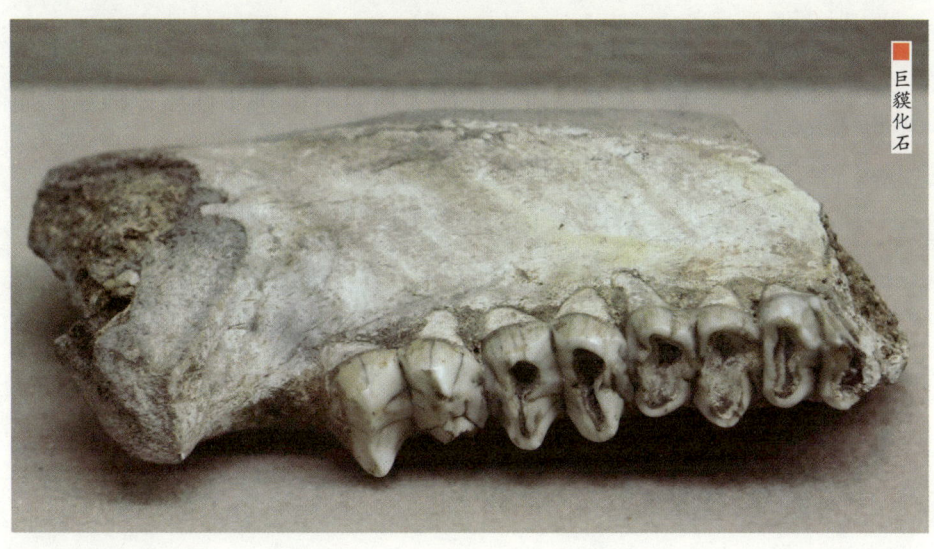

■ 巨貘化石

■ 东方剑齿象化石

"长阳人"上颌骨和其他早期智人的一样，一方面保留了若干原始性质，如梨状孔的下部较宽，鼻腔底壁不如现代人那样凹，而与猿类接近，犬齿比较发达等。

另一方面又有许多与现代人相近的进步性质，如颌的倾斜度没有北京人的显著，鼻棘较窄而向前，上颌窦前壁向前扩展超过第一前臼齿，腭面凹凸不平等。从总体看，长阳人所具有的进步性质比原始性质要多，明显地比北京直立人进步。

长阳人生活的大山区，洞穴极多。这种环境为长阳人提供了生存条件。在与长阳人伴出的动物化石中，有以嫩竹为食的竹鼠、大熊猫，说明当时这里有大片竹林。

而东方剑齿象、中国犀和鹿类的存在，则说明附近还有开阔的林边灌丛和草原。以上动物都是喜暖

神州 即华夏、中国、中土。黄帝以土德王，相传黄帝领治的土地称为神州，炎帝统辖的土地称为赤县，赤县和神州合称"神州赤县"或"赤县神州"。因此古时就称我国为"赤县神州"，后用作我国的别称。

的，所以当时这里的气候是温和而湿润的。

"长阳人"的发现，证明在远古时期，在我国长阳境内就已有人类生存活动。

"长阳人"是人类远古祖先之一，是神州的瑰宝，是中华民族的骄傲。长阳人及其动物群的发现，提供了洞穴和阶地的对比资料，解决了长江各阶地形成的时代问题，为我国南方的地层划分提供了依据。

"长阳人"遗址于1988年、1989年、1995年先后三次进行发掘，获得各个时期的历史文物近万件。

"长阳人"化石现珍藏于中国科学院古脊椎动物与古人类研究所，在中国历史博物馆陈列展出。

阅读链接

1956年7月，钟家湾村群众为集体找副业门路，在洞内挖"龙骨"出售，县一中生物老师陈明智得知消息后，便带着学生到钟家湾采集化石标本，从供销社收购的数万斤"龙骨"中挑选了一箱化石，其中有一块是人的上颌骨化石，并附有两枚牙齿。

送往中国科学院古脊椎动物研究所后，经鉴定确为古人类化石，而且其中有一块人类的上颌骨是在长江以南与其相同的动物群中从来没有发现过的。

鉴于这批材料的重要性，中国科学院古脊椎动物研究所，于1957年特派人前往长阳调查并进行了科学的发掘。经过7天的发掘，在原生地层中和过去已挖过的松土中，又发现了一颗人类的左下第二前白齿。

湖南唯一旧石器人类"石门人"

湖南"石门人",即在我国湖南省石门县皂市镇凤堡岭西山角的燕尔洞洞穴发现的人类股骨,这也是湖南境内首次发现的古人类化石,属晚期智人,距今2万年,晚更新世的晚期。

■旧石器时期化石

■ 新石器时期古人生活场景

石门人是我国湖南省唯一的旧石器时期晚期的人类化石点，填补了我国湖南旧石器时期人类化石的空白。石门县位于我国湖南省西北部。据《舆地纪胜》卷27澧洲石门县载：

> 吴时武陵充县松梁山，有石洞开，广数十丈，其高似弩仰射不至，名曰天门。
>
> 孙休以为佳祥，置天门郡于此……县西二十五里。岩石壁立如门，县以此名。

相传在很久以前，石门县这里是车走不通、人行不便的死岗，岗下有一大汀，水深莫测，浊浪滚滚，水害连年，成为无人涉足的天堑。

多少年，多少代，人们盼望这里能打通屏嶂成为坦途，变水害为水利。有一年，当地有一位老石匠，

《舆地纪胜》
我国南宋中期的一部地理总志，王象之编纂，共有200卷，主要是节录当时数以百计的各地的方志、图经编纂而成，对各种方志、图经中的山川、景物、碑刻、诗咏，一概收录，而略于沿革，以符合"纪胜"的要求，该书内容丰富，编次有法，对史料注重考核。该书以"纪胜"为宗旨，专注于人文内容，在地理总志的编纂体例上有诸多创新。

■ 古人类制作陶器的场景

石匠 可以采集石料,更可以将石料加工成产品。石匠是历史传承时间最长最久的职业,从古石器时期的简单打磨石头到现代的石雕工艺和艺术的完美结合,都离不开一代代石匠们的贡献,石匠对中国的数千年历史文化起到了功不可没的作用。

带领几名乡亲到石门岗上劈山开路,想打开东西部的交通,把岗下泛滥的汀水堵起来。他们每天爬上高岗,下到汀边,不停地挥锤舞镐,劈山填土。

可是,大家干了一天又一天,干了一个月又一个月,石门关仍没有劈开。原来,山下的汀里藏着一条鱼精,一只鳖怪,它们施展妖术,使石门关白天劈开一块,晚上,又长出来一块。

一天,老石匠劈山归来时,发觉丢了一根錾子,他沿着弯弯的山路回去寻找。錾子找到了,他坐在山脚下喘口气,忽然听到一阵窃窃私语,一个鳖声鳖气地说:"劈吧,有我俩在这儿,他们休想劈开。"

另一个尖哑的声音:"你别吹牛,一旦这些人用烟火烧石门关,我们就玩儿完了。"

石匠听后,一口气跑回村里,连夜找来乡亲们,决定火烧石门关。第二天一早,石匠领着乡亲们,扛着柴火，拿着旧衣服破袄褂上了石门岗，在山口点起了通天大火，火借风势，越燃越旺，只见山岗下的汀里，浓烟滚滚，汀水沸腾，鱼精和鳖怪被烧得嗷嗷直叫，不一会儿便逃跑了。

火熄烟灭、汀水变清，一泓碧波在山脚下荡漾。石匠和乡亲们欢呼雀跃，劲头倍增，立即投入了劈山开路的战斗。

冬去春来，石门岗被拦腰劈开，一条大路被开辟了出来。这里的人们过上了幸福的生活，他们在石门燕尔洞一带生息繁衍，被称为"石门人"。

石门县燕尔洞位于湖南省石门县原阳泉乡凤堡岭西山角的溇水北岸，在县城西北，现属皂市镇。

燕尔洞又称牙齿洞，并不是很大、很深的洞穴，

> **溇水** 指溇水河，位于我国湖南省常德市石门县，是澧水第二大支流。因上中游地处高山峡谷，河床多系岩石，漏石分沙，水流清澈，长波泱溇，故名溇水。

■ 旧石器时期生存的动物

它几乎只相当于一个洞的洞口,再往里就被堵住了,大小不过10平方米左右。洞前中央被一块断裂的大石头占住,可能是从上方垮下来的,上方岩壁二三十米高就到了山顶。地面是一些碎石,里面有鹅卵石,石质是灰岩、砂岩、板岩和硅质岩,与洞穴所在的石灰岩不是同一种岩石。

1号洞在北侧偏下部位,2号洞在南侧偏上部位,两洞都处在凤堡岭西面的陡壁上,洞穴坐东朝西,洞高出溇水河河面。

在洞穴中还采集出土了猕猴、豪猪、竹鼠、虎、豹、獾、中国犀、华南巨貘、东方剑齿象等数十种动物化石。从发现的石器、骨器等工具以及并存的动物骨骼化石和某些动物骨骼化石上有火烧痕迹等推断,该洞曾是古人类活动的场所。

在化石堆积层中,还发现远古人类使用过的打制石器,有砍砸器、刮削器、石核、石锤等石制品50余件,以及烧骨和经人类加工的骨器。

特别重要的是,在该处还发现了一段古人类的左股骨化石、一件下

古人类的生活场景

颌骨，以及完整的牙齿3颗。这为研究湖南古人类提供了十分重要的资料，被命名为"石门人"。

"石门人"人类化石系一件股骨中部残段，呈黄色，中等石化程度，股骨具有清晰的纵向沟纹特征，股骨嵴粗壮，内外唇明显，内唇褶曲痕深，外唇相对浅平，从股骨的特征看，与现代人接近，属智人。

■ 旧石器时期石门人打造的石器

石门人遗址的文化遗物，主要有石制品和骨制品，石制品多保留有自然砾石面，岩性为砂岩和石英岩。石器分为打制和磨制两类，打制类为细小石器，全部为刮削器，主要以黑色燧石作为原料，石器制作方法均采用捶击法，以单面打击为主。骨制品有骨锥和骨器柄端。

陶器比较原始，器坯系用泥片粘贴而成，胎厚而不匀。大部分陶器的胎泥中夹有炭屑，一般呈红褐色或灰褐色。器类不多，主要是深腹罐与钵，普遍装饰粗乱的绳纹。胎泥所夹的炭屑中明显有稻谷与稻壳的痕迹，是我国最早的人工栽培稻谷。

燕尔洞遗址的发展脉络是最清晰、最完整的一个古人类洞穴遗址。燕尔洞洞穴是在左侧的凹岸的石灰岩陡壁上发育的三层溶洞，燕尔洞洞穴遗址由两个洞穴组成，编号分别为1、2号洞。

1号洞穴有文化层堆积的洞厅，洞厅里黑暗无

绳纹 是古代陶器的装饰纹样之一。一种比较原始的纹饰，有粗绳纹和细绳纹两种。绳纹是用草、藤之类的绳子，在坯体上拍印而成的，有纵、横、斜并有分段、错乱、交叉、平行等多种形式。是新石器时期至商周时期陶器最常见的纹饰。

光，中央有一巨大的洞顶崩塌角砾，角砾的底部有丰富的动物化石胶结堆积。

在洞厅东侧延伸方向有哺乳动物化石和人类文化堆积，地层共有7层，在第三层发现了人类的文化遗物。洞穴堆积层次分明，动物化石丰富。

2号洞穴在1号洞穴的左侧，略高于1号洞穴。洞口呈弧形，洞内堆积较厚，地层共计有5层，在第三层有哺乳动物化石和打制石器、骨器。

根据燕尔洞1号洞穴和2号洞穴堆积的地层分析与比较，1号洞穴应为晚更新世，距今10万年~2万年；2号洞穴略晚，已进入晚期"智人"阶段，距今5万年~1万年。

燕尔洞的动物种类组合，反映了燕尔洞一带在旧石器时期晚期以山地森林为主，间有河谷草地的自然景观，由此可知，燕尔洞的旧石器人类生活在一个气候温暖、林木葱郁、水源充足的山间河谷，这是一个良好的人类栖息地。

石门人的生存时代可以从共生的动物化石群得到说明，可能为晚更新世的晚期。燕尔洞洞穴遗址发掘面积虽小，却提供了十分重要的古人类文化信息。

阅读链接

1982年，在两处燕尔洞洞穴发现了古人类股骨，这是湖南境内首次发现的古人类化石。

后又在燕尔洞穴中采集动物化石多件，经考察，认定是一处有希望找到人类化石的重要洞穴遗址。

关于洞里的牙齿有各种各样的传说，附近慕名而来者偶尔进洞捡牙齿，端一碗水在水里磨，据说喝下去可以治病，但谁也没证实过是不是真的能治病。

北部猿人

猿人遗存

我国北部地区从远古时期就有人类在这里活动,与大自然进行着不屈不挠的斗争,并且留下了丰富的人类遗存。

比如驰名中外的北京周口店北京猿人、我国古都西安的陕西蓝田人、山西西村人、山西西侯度人、内蒙古扎赉诺尔人、辽宁金牛山人和吉林榆树人等。

每一个遗址都闪烁着中华民族的古老文明之光,为我国和世界人类发展史研究提供了宝贵的实物资料。

中华民族古文明代表"北京人"

"北京人"是我国北京市西南房山区周口店发现的远古人类化石,正式名称为"中国猿人北京种",但通常被称之为"北京直立人",简称"北京人"。

"北京人"的发现,解决了爪哇人发现以来围绕"直立人"究竟是猿还是人的争论。事实表明,在人类历史的初期,从体质形态、文化性质到社会组织等方面,的确有过"直立人"阶段,他们是"南猿"的后代,也是以后出现的"智人"的祖先。"直立人"处于从猿到人进化序列中重要的中间环节。

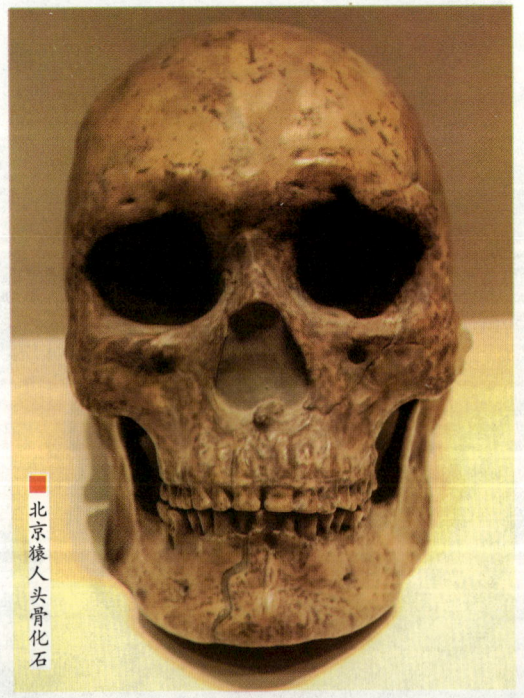
北京猿人头骨化石

周口店古人类文化遗址的发现,给我国历史文明谱写了一首美丽庄严的序曲,为研究旧石器时期早期的人类及其文化提供了可贵的资料。周口店北京猿人遗址也因此成为人类化石材料最丰富、最生动、植物化石门类最齐全而又研究深入的古人类遗址。

周口店处于山区和平原的接壤部位,离"燕京八景"之一卢沟桥不远。北京猿人遗址附近山地多为石灰岩,北面是重叠的高山,西面和西南为低缓的群山所环绕,东南方是广阔的平原,这些山地,就是驰名世界的龙骨山。

在龙骨山的东边有一条河流。在水力作用下,形成大小不等的天然洞穴,成为埋藏"龙骨"的仓库。在这里发现的"北京人"化石属于40多个个体。

北京猿人头骨的最宽处在左右耳孔稍上处,向上逐渐变窄,剖面呈抛物线形。这与现代人头骨的最宽处上移到脑颅的中部不同。北京人的头盖骨低平,额向后倾,虽已比猿类增高,但低于现代人。

北京人的脑容量介于猿和现代人之间。他们的头盖骨比现代人约厚一倍。眉嵴粗壮,向前突出,左右互相连接。颅顶正中有明显的矢状嵴,头骨后部有发

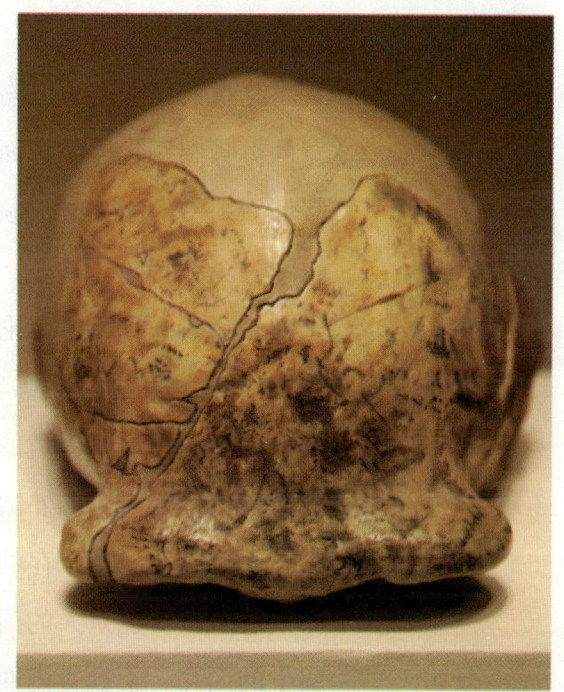

■ 北京猿人头盖骨化石

燕京 北京的别称。因为系古时燕国都城而得名。战国七雄中有燕国,是因临近燕山而得国名,其国都称为"燕都"。以后在一些古籍中多用其为北京的别称。1420年,明朝的第三代皇帝朱棣把这里定名为北京,从此北京这个名称就出现了。

龙骨山 是中外驰名的一座山，在北京市房山区周口店西。因山上盛产中药龙骨而得名。从20世纪20年代首次发现北京人的头盖骨化石之后，龙骨山便中外驰名。因为它是北京人、新洞人、山顶洞人的故乡，是研究古人类和古脊椎动物的科学基地。

达的枕骨圆枕。

北京人面部较短，吻部前伸，没有下颏。有扁而宽的鼻骨和颧骨，颧骨面朝前，这表明他们有宽鼻子和低而扁平的面孔。下颌骨的内面靠前部有明显的下颌圆枕。

北京人的牙齿，无论齿冠或齿根都比猿类弱小，齿冠纹理也简单，但比现代人粗大、复杂得多。另外，犬齿和上内侧门齿的舌面，有由底结节伸向切缘的指状突；上内侧和外侧门齿的舌面为明显的铲形。

北京人的头部保存的原始性质表明它们属于直立人发展阶段。北京人的门齿呈铲形，有宽鼻子和低而扁平的面孔，下颌骨内面靠前部有下颌圆枕等，这表明他们具有明显的现代蒙古人种的特征。

■ 北京人捕猎画面

北京人打制石器场景

　　北京人的下肢骨髓腔较小，但在尺寸、形状、比例和肌肉附着点方面都已和现代人相似，这证明他们已经善于直立行走。北京人的上肢骨和现代人的接近程度更甚于下肢骨，说明他们的上肢已能进行与现代人十分相似的活动。同时，在北京人遗址处还有不下10万件石制品，以及丰富的骨器、角器和用火遗迹。

　　石器以石片石器为主，有砍斫器、刮削器、雕刻器、石锤和石砧等多种类型。石核石器较少，且多为小型。原料有来自洞外河滩的砾石，也有从2千米以外的花岗岩山坡上找来的水晶。

　　北京人用砾石当锤子，根据石料的不同，分别采用直接打击法、碰砧法和砸击法打制石片。北京人从一面或两面打出刃口，制成砍斫器，反映出一定的技术水平。在世界上已知的同时期的遗址中，还从没有听说过精致程度可与之相比的同类石器。从石锤上留下的敲击痕迹可以看出，北京人善于用右手操作。此外，在一些未经第二步加工的石片上，往往也发现使用过的痕迹。

遗址中有许多破碎的兽骨，其中某些是北京人制作和使用过的骨器。例如，截断的鹿角根可以当锤子使用、截断的鹿角尖可以作为挖掘工具。从这些鹿角上可以看出，北京人已掌握了在要截断的地方先用火烧，使之容易截断的方法。

又例如，许多鹿头骨只保留着像水瓢似的头盖，上边有清楚的打击痕迹，多数经过反复加工，保留部分的形状也相当一致，可以看作是舀水的器皿。有的动物肢骨顺长轴劈开，把一头打击成尖形或刀形；有的骨片在边缘有多次打击痕迹，也可作为工具使用。

在北京人洞穴里还有北京人用火留下的灰烬。灰烬层中，有许多被烧过的石头、骨头和朴树籽，还有一块紫荆木炭。灰烬有的成堆，说明他们已能很好地管理火。虽然目前还无法证明北京人是否能人工取火，但他们显然学会了保存火种的方法。

■ 周口店猿人生活场景

较大的灰烬层有4个，第4层的灰烬最厚处超过6米。从第13层以上发现动物化石，这一层还出土了几件石器，表明已有早期人类活动。

通过对"北京人"及其周围自然环境的研究，表明50万年前北京的地质地貌与现在基本相似，在丘陵山地上分布有茂密的森林群落，其中栖息着种类丰富的动物种群。但也曾出现过面积广阔的草原和沙漠，其中有鸵鸟和骆驼栖息的遗迹，表明在这段岁月里，北京曾出现过温暖湿润和寒冷干燥的气候状况。

北京人遗址时代有一个发展过程，当初被认为是上新世。后以动物群的性质为主要依据，判断这个遗址属于比泥河湾期晚而比黄土期早的中更新世，最终测定为距今70万~20万年。

北京人是用天然火，所谓的天然火不是人工取的火，而是打雷正好击中干燥的木头，点燃了火，又或者是火山爆发和森林火灾。晚上

北京猿人复原像

大家轮流看火,他们是用灰来保存火种的。那一时期他们用火烤东西吃,晚上睡在火边,这样可以取暖,还可以赶走野兽,因为野兽怕火。

而鬣狗和北京猿人的关系极为密切。在猿人洞遗址中,北京猿人和鬣狗相互交错的化石堆积层清晰地表明,洞穴最早的主人应该是鬣狗,50万年前的时候,北京猿人开始入住这里,从此,双方交替占领洞穴,进行了长达数十万年的殊死搏斗。

那时的周口店一带,森林茂密,野草丛生,猛兽出没。北京人将石块敲打成粗糙的石器,把树枝砍成木棒,凭着极原始的工具同大自然进行艰苦的斗争。这样只靠单个人的力量,无法生活下去,因此,他们往往几十个人在一起,共同劳动,共同分享劳动果实,过着群居生活,形成了早期的原始社会。

北京周口店遗址不仅是有关远古时期亚洲大陆人类社会的一个罕见的历史证据,而且阐明了人类进化的进程。

阅读链接

1987年,联合国教科文组织将北京周口店"北京人"遗址列入《世界遗产名录》。

周口店遗址成为《世界遗产名录》的标准:能为一种已消逝的文明或文化传统提供一种独特的至少是特殊的见证;与具有特殊普遍意义的事件或现行传统或思想或信仰或文学艺术作品有直接或实质的联系。

亚洲北部古老直立人"蓝田人"

陕西"蓝田人"是发现于我国陕西省蓝田县公王岭和陈家窝两地的古人类化石,旧石器时代早期人类,属早期直立人,学名为"直立人蓝田亚种"。生活在距今115万~70万年前,是亚洲北部所发现的最古老的直立人。

蓝田猿人头骨的发现,扩大了已知的我国猿人的分布范围,增加了世界猿人化石的分布点,对探索和考察人类起源具有重大意义。

公王岭在蓝田县城东南,是灞河左岸最高的小土岗,前临灞河,后依秦岭。登上公王岭,即可发现厚厚的古老的砾石层,上面覆盖着厚约30米的

蓝田人复原像

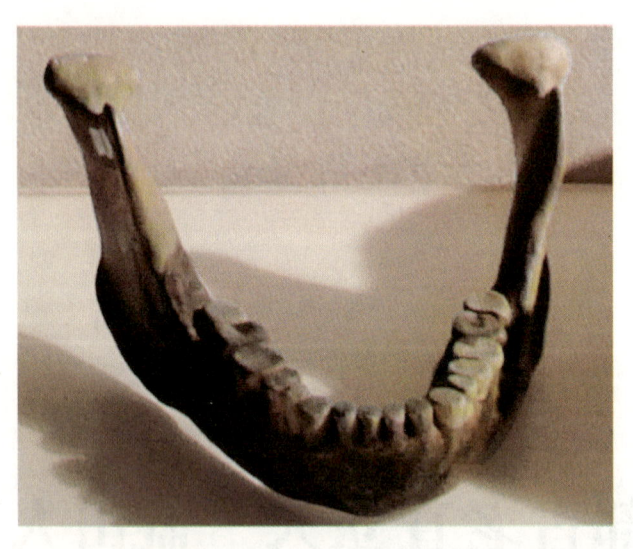

▪ 蓝田人牙齿化石

"红色土"。红色土的下部夹有两层埋藏土，人类化石就埋藏在其中。

陈家窝位于灞河右岸，化石也发现于最高一级阶地的红色土层中。"红色土"属华北中更新世堆积。

蓝田人化石有头盖骨、鼻骨、右上颌骨和三颗臼齿，同属于一个成年人，可能是女性。蓝田人头骨有许多明显的原始性状：眉嵴硕大粗壮，左右几乎连成一条横脊，两侧端明显向外侧延展；眉嵴与额之间的部位明显变窄。头骨高度很低；头肌骨壁极厚，厚度超过周口店的北京人，脑容量小于北京人。

蓝田人的年份较周口店的北京人早数十万年。因此他们在体质形态上有不少差别。例如蓝田人的容貌更似猿猴，智力和四肢也比不上北京人发达。因而把蓝田人分类为"早期直立人"，把北京人分类为"晚期直立人"。他们住在更新世中期、旧石器时期。早期的蓝田人为西安最早的居民。

蓝田县有个地方叫女娲谷，那么蓝田人是不是与我们中华民族的始祖女娲有什么关系呢？

传说，女娲是伏羲的妹妹，后来伏羲氏死了，女娲氏没有儿女，因为年纪渐老，便回到美丽的陕西蓝田县女娲谷，准备颐养天年。

女娲 即女娲氏，我国古代神话人物。女娲氏是一位美丽的女神。女娲时代，随着人类的繁衍，社会开始动荡了。水神共工氏和火神祝融氏，在不周山大战，结果共工氏因为大败而怒撞不周山，引起女娲用五彩石补天等一系列轰轰烈烈的动人故事。

哪知这时,来了一个叫康回的怪人,专用水害人,女娲氏心中不忍,于是再出来与康回斗争。

康回生得铜头铁额,红发蛇身,是一位天降的魔君,来和人民作对,大家又把他叫作共工氏。他那一邦的人熟悉水性,与人打仗总用水攻。

女娲氏运用她的多种变化,到康回那里打探了一番,回来后就叫众多的百姓预备大小各种石头,分为5种,每种用青、黄、赤、黑、白的颜色做上记号。

女娲又吩咐,大家预备长短木头100根,另外再准备最长的木头20根,每根上面,女娲氏亲自动手,都给它雕出一个鳌鱼的形状。还叫百姓再备芦苇50万担,限一个月内备齐。

同时,女娲又挑选1000名精壮的百姓,指定一座高山,叫他们每日上下各跑两趟,越快越好,又挑选2000名伶俐的百姓,叫他们到水中游泳潜水,每天4次,以能在水底潜伏半日最好。

女娲氏运用神力,传授他们一种秘诀,使那2000百姓欢欣鼓舞,认真练习。女娲氏又取些泥土,将它捏成人形,大大小小,一共捏了几千个,这些泥人一下就变成了真人。就这样,女娲带领大家终于打败了康回,使蓝

> **伏羲** 是三皇之首,百王之先。他根据天地万物的变化,发明创造了八卦,这是我国最早的计数文字,是我国古文字的发端,八卦的发明结束了"结绳记事"的历史。伏羲后来被中国神话描绘成"人首龙身",被奉为中华文明的人文始祖。

■ 蓝田人头骨化石

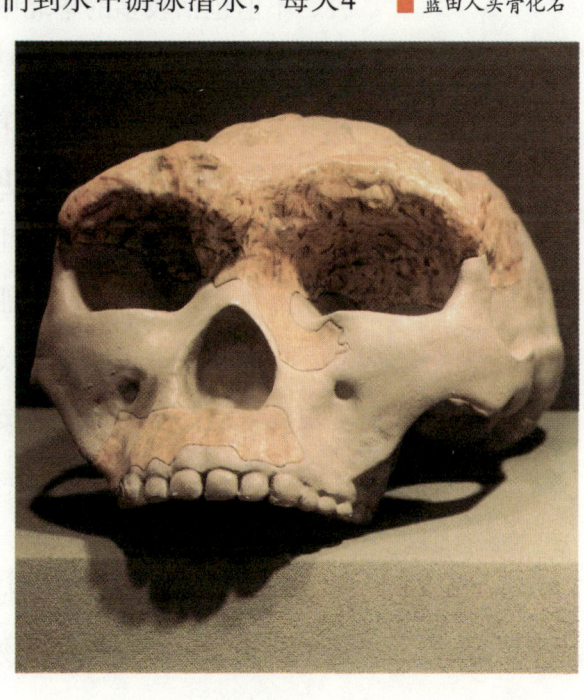

■ 古人类狩猎图

田百姓们又过上了幸福生活。也许，女娲死后，人们就把她埋在了公王岭，经过多年之后，成为了化石。

蓝田公王岭的红色土中，还发现哺乳动物化石42种，不但包括较多的华北中更新世常见种属，如中国缟鬣狗、李氏野猪、三门马和葛氏梅花鹿等，而且存在少量的第三纪残存种和第四纪早期典型种，如蓝田剑齿虎、中国奈王爪兽、更新猎豹和短角丽牛等。

公王岭动物群最引人注目的地方，是它具有强烈的南方色彩，如其中的大熊猫、东方剑齿象、华南巨貘、中国貘、毛冠鹿和秦岭苏门羚等，都是华南及南亚更新世动物群的主要成员。

公王岭动物群中存在着这么多的南方森林性动物，一方面表明当时蓝田一带气候温暖、湿润，林木茂盛；另一方面也表明那时的秦岭不像后来这么高，还未隆起成为妨碍南北动物迁移的地理屏障。

> **爪兽** 是一类奇特的灭绝了的奇蹄动物，与马类是近亲，且有着共同的祖先——始祖马。它是一种很奇怪的动物，常用趾关节行走以保护长长的爪子，它那强有力的四肢是非常有效的防卫武器。但是更多时候，爪兽用它们的爪子钩下树枝，以便吃到最鲜嫩的树叶。

陈家窝与公王岭不同，缺少带有强烈南方色彩的哺乳动物。软体动物也基本上是现代生活于华北的种类。两个地点的直线距离只有22千米，动物群却存在如此大的差别，这一事实也反映了时代的不一致。

在蓝田的中更新世化石的层位里，共发现200多件石制品，其中从公王岭含化石层和稍晚层位中发现的不过13件，另外一些则出自附近与上述层位相当的20多个地点。加工方法为简单的锤击法，石片一般未经第二步加工即付诸使用。

这些石制品本身的技术差别不大，在材料不足的情况下，一般暂时将它们都看作是蓝田人的文化遗物。蓝田人的石制品包括砍砸器、刮削器、大尖状器和石球，还有一些石核和石片。它们多半用石英岩砾石和脉石英碎块制成，加工技术粗糙，有单面加工和交互加工者。器形多不规整，对原料的利用率也较低，表明当时的石器制作技术仍具有一定的原始性。

石器中最有特色的是大尖状器，断面呈三角形，又称"三棱大尖状器"。除蓝田外，这种石器在丁村遗址、合河文化、西侯度文化和三门峡市等地也有发现。

> **丽牛** 是生活在早更新世到中更新世亚欧大陆的原始牛科动物，相对其他牛科动物，丽牛体型较为纤细、矮小，角细长而成扁柱状，雌性则没有角，在草原上群居生活。其中最大的种类可能是我国的丽牛。到中更新世，只有短角丽牛幸存下来，后来由于气候变化而灭绝。

■ 蓝田人塑像

上述地点均位于"汾渭地堑"及其邻近地区，表明大尖状器是这个地区旧石器文化的一个重要因素。

在蓝田只发现一件石球，制作粗糙，与丁村、合河、三门峡市等地点发现的比较接近。蓝田的砍斫器和刮削器没有什么特色，制法和类型都与华北其他旧石器时期早期地点的差不多。

在公王岭含化石层里还发现了三四处灰烬和灰屑，散布范围均不大，很可能是蓝田人用火的遗迹。

由此可知，100万~50万年前，当时蓝田人的生活地区草木茂盛，很多种远古动物栖息，包括大熊猫、东方剑齿象、葛氏斑鹿等素食动物，更有凶猛的剑齿虎。蓝田人用简单而粗糙的方法打制石器，包括大尖状器、砍斫器、刮削器和石球等，在自然环境中挣扎求存。他们捕猎野兽，采集果实、种子和块茎等为食物。

阅读链接

1964年的夏秋季节，中科院前期6位专家在蓝田陈家窝村发现了距今约60万年的直立人下颌骨化石之后，黄慰文教授率领另一个考察队准备到蓝田北岭的三官庙地区去考察，这是因为当地老乡曾传说该地曾出现过"龙骨"。

那天，他们到公王岭东北边去考察，但走到半路就被大雨阻拦住了，只能在公王岭附近的一个村子里避雨。在避雨的过程中，这个小村的一位老乡告诉他们，公王岭上有"龙骨"，并建议他们去看看。

第二天，考察组的几个人便来到了公王岭上，在公王岭的黄土层中，确实看见了许多"龙骨"。后来，当他们把用了10多层纸包裹的半颗牙交给权威学者贾兰坡时，贾老激动得大声叫了起来："人牙！"

10月12日，轰动世界的蓝田猿人头骨终于亮相了。1982年，国务院公布蓝田猿人遗址为国家重点文物保护单位。

从古猿到古人过渡的"大荔人"

陕西"大荔人"化石发现于陕西省大荔县城西北的段家乡解放村甜水沟附近的洛河第三阶地沙砾层中,是我国发现最完整的西北地区旧石器时期早期智人化石,是我国旧石器时期从猿人到古人过渡的一个代表。

与大荔人化石同时出土的还有石制品和一些哺乳动物化石,时代为中更新世末期,距今为20万~15余万年。

大荔人头骨化石的发现,在我国及东亚地区早期人类演化史的研究中具有非常重要的地位,填补了我国历史上人类由蓝田人向丁村人过渡的空白,为研究汾渭谷地早期人类

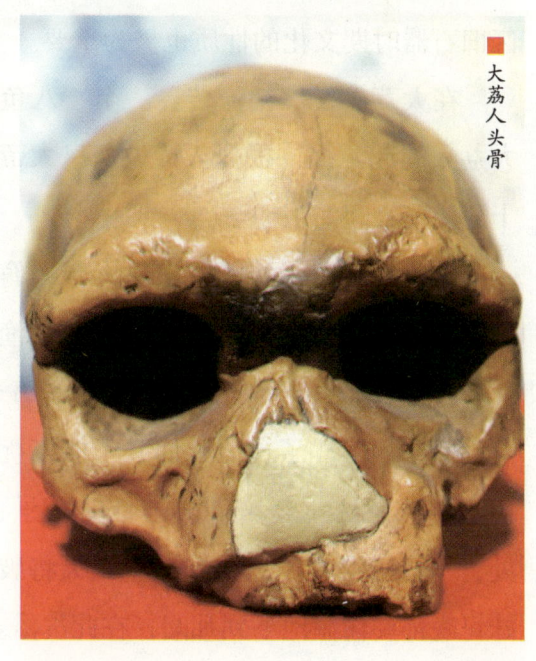

大荔人头骨

■ 原始人类寻找食物画面

活动提供了重要线索。同时,大荔人头骨化石对于了解和确定陕西地区旧石器时期文化的性质也极为重要。

在大荔县,广泛流传着一个"八鱼村"的神话故事,也许可以为大荔人的起源提供根据。传说玉皇大帝有八个女儿,她们久居天宫,十分羡慕人间的乐趣。

有一天,八姐妹瞒着玉皇大帝,偷偷下凡来到人间,发现一片大湖,碧波荡漾,岸柳青青。柳荫下,渔家姑娘飞梭织网,渔夫驾着叶叶扁舟忙着捕鱼,湖中岸边还不时传出一阵阵欢歌笑语。

姐妹们陶醉了,但她们又不能打扰百姓,便怅然离去。待到更深夜静,八姐妹重新来湖畔。此时的景色更加迷人。八姐妹玩到高兴处,下水洗澡,尽情嬉戏,直到天将破晓,才返回天宫。自此,八姐妹每晚都要偷偷地下到凡间,在此洗浴。

时间一长，被玉帝察觉。玉帝大怒，他一面将八姐妹禁闭，一面带领天兵天将下凡察看。哪知玉帝来到那片大湖，同样也被迷醉。又一看，人们虽安居乐业，却不见一座庙宇，没人供奉自己，便恼羞成怒，立即让天兵天将把湖水弄干，才率众返回天宫。

于是，此地便成了一片沙滩，渔民也弃渔从农，维持生计。不料紧接着3年大旱，颗粒不收，人们无法生存，只得关门闭户，离乡背井，另寻活路。

再说，八姐妹在天上终于获释，但她们仍念念不忘人间美景。一日，趁玉帝举行蟠桃会宴请各路神仙之际，她们再次偷偷下凡。然而，映入她们眼帘的却是土地龟裂，白骨累累，一片荒凉，惨不忍睹。

八姐妹当即唤出土地神问讯，知道真相后，她们十分怨恨父亲，更同情老百姓的疾苦，顿起恻隐之心，于是就挖井淘水，解救黎民。

> **蟠桃会** 蟠桃是我国古代神话传说中桃类仙品。在民间传说中，农历三月初三是王母娘娘的圣诞，这一天，王母娘娘要在瑶池举行盛大的蟠桃会，宴请诸路神仙，众仙也将受邀赴宴作为一种荣耀和身份的象征，因此农历三月初三也成为一个重要的道教节日。

■ 原始人类生活场景图

原始社会人类生活复原图

她们挖啊挖啊，也不知干了多少个白天黑夜，眼看就要出水了，不料又被玉皇大帝知道了，他立即调集天兵天将下凡捉拿她们。

井还没有挖成，八姐妹不甘心这样被束手就擒，就一边和天兵天将拼斗，一边加紧挖井。功夫不负苦心人，清湛湛、甜滋滋的泉水终于喷涌而出，很快溢满了大小池塘，流进干枯的田野。

可是她们也已精疲力竭，终被天兵天将捉拿到天上。这次，玉皇大帝没再关她们禁闭，而是罚她们为天宫挖井。但那井永远也不会挖出水来，八姐妹也只好永远挖下去。

据说，每到天气晴朗、繁星点点的夜晚，人们仰首可见天上有7颗星星组成的圆井形星群，中间还有一颗不太亮的星星，那就是受玉皇大帝惩罚在天上挖井的八个女儿。中间的那颗星星是八个女儿在轮流劳作，由于井已挖得很深很深，所以圆圈里面的星星就看不太清楚。

自从八个仙女挖下了井后，四面八方逃荒的人又纷纷回到家乡。为了让子孙后代将八位仙女的功德铭记在心，人们从华山上运回一块大石，雕凿成碑，刻上"八女井"3个大字，立在井旁。

后来村庄越来越大，人口也越来越多，人们就给村庄起了个名字叫"八女井村",以后为图简便,叫成了"八女村"。再经过世代相传,把读音传乱了,用谐音叫"八鱼村"。但八位仙女挖井取水、造福人民的传说一直流传了下来。也许,这些怀念八位仙女的远古的村民们就是大荔人也说不定。

大荔人总的特点是粗壮、厚实、骨壁较厚。经过研究分析,大荔人化石为一不足30岁的男性头骨,基本保存完好,但没有下颌骨和牙齿。脑颅的右侧后上部及左侧颧弓缺损,硬腭及齿槽受压挤而向上移位,使颜面下部变形。

大荔人头长207毫米,头宽经复原后测量为149毫米,重450克。头顶相当低矮,前额扁平,由大孔前缘点到前囟点间距为118毫米,与头长形成的长高指数为57,比早期智人低,比北京猿人也低。

大荔人眉嵴粗壮,其中央部左侧厚度为20毫米,右侧厚度为18毫米,甚至超过周口店的北京人。

原始人群居生活

■ 原始人类制作捕鱼工具塑像

大荔人眉嵴上方有一条横沟，骨壁很厚，其两侧眉嵴的方向由前内侧向后外侧延伸，两侧眉嵴合成"八"字形，与北京猿人不同，却与时代较晚的马坝人、昂栋人及其他早期智人相似。这些表现出直立人的原始性。

但大荔人吻部不甚前突，颧弓细弱，颅骨最宽处不接近颅底，头骨最宽处在颞鳞部后上部颞鳞上缘呈圆弧形；右侧颧骨破坏，颞鳞部呈圆鳞状，这些都是智人的进步特征。

另外，"大荔人"的脑容量比北京人的平均值稍大。这些特征表明它介于猿人和智人之间。大荔人头骨颞鳞部与乳突部之间有一很深的切迹，其陷入的程度与现代人相近。外耳门垂直径大于横径，属垂直型。在外耳门上方，也有耳门顶盖。

大荔人面骨相对较小，但颧弓根方向较倾斜，颧弓位于眼耳平面下方。上颌骨前面主要朝前方，在上颌骨与颧骨交接处突然转折向后外侧，这整个轮廓线与北京猿人很相似，也是与现代黄种人一致的。

总的来说，大荔人的体质特征介于直立人和早期智人之间。头骨面部的一些特点与现代黄种人比较接近，而与欧洲及西亚的早期智人相距较远，所以他代表了早期智人的一个新的亚种，即智人大荔亚种。

与大荔人伴生的大量动物化石包括古菱齿象、犀、马、肿骨鹿、斑鹿、野猪、野牛、河狸、普氏羚羊、鼢鼠等哺乳动物化石，鸵鸟化石，鲤、鲶等鱼类化石，蚌、螺等软体动物化石。

其中最有意义的是肿骨鹿，它是北京猿人洞中的代表性动物之一。它表明大荔人的时代与北京猿人接近。古菱齿象和马牙齿的形态表明其时代在更新世中期和晚期之间。

在大荔人头骨化石出土地点发现的植物孢子粉不多，有蒿、菊、藜等草本植物，松、柏、云杉等针叶树种，而没有发现阔叶树种。

综合对动植物化石进行判断，当时那里的气候是温和的，可能有些干燥。在大荔人头骨化石出土地点，还发现了数百件石制品，大多数是石片和石核。

■ 普氏羚羊 又名中华对角羚、滩原羚、黄羊、普氏小羚羊等。历史上分布于我国内蒙古、宁夏、青海、甘肃、新疆、西藏等广大地区，现仅分布于青海湖周边。体型似黄羊，但比黄羊略小，奔跑时像离弦的箭，姿势与众不同，跳跃式的奔跑使羚羊的身体在空中划出一道波浪起伏的曲线，分外优美。

■ 普氏羚羊化石

石制品较小，原料多为采自当地沙砾层中的石英岩和燧石。打片方法以锤击法为主，偶尔用砸击法。

用锤击法生产石片后留下来的石核，一般较厚，形制不规整，多自然台面。石核厚度大，表明其利用率不高。石片多不甚规整，表明了打制技术的原始性。

大荔人的工具主要是石片石器，用石块、小砾石和石核做的也占一定的比例。石器以刮削器为主，尤以凹刃刮削器数量为多。其次是尖状器，还有少量的雕刻器和石锥，但未发现盘状刮削器、砍砸器和石球。大荔人的石器在类型和修理方法上与北京人文化有许多相似之处，这表明二者关系密切。

"大荔人"的发现，得到了许多我国过去在古人类学上难以得到的形态细节，填补了我国古人类研究的一大空白，其完整性为我国罕见、世界少有，对研究我国古人类演化很有价值。

阅读链接

陕西省大荔县段家乡解放村原名王家村，1978年，陕西省水利局的刘顺堂在该村甜水沟东崖洛河三级阶地的砾石层中，发现了一个较完整的古人头骨化石。经国家古人类学者多方考证，确定其为早期智人中的较早类型，时代为中更新世末期，具体时间约在20万年前。专家为其命名为"大荔人"。

1978-1984年，中国科学院古脊椎动物与古人类研究所、西安半坡博物馆、西北大学历史系考古班及大荔县文化馆又在此进行了两次发掘和野外调查，发现了大量石器和兽骨化石。

目前，有关单位还正在对"大荔人"做进一步的研究。"大荔人"遗址现属县级重点文物保护单位。

弥补古人类断代窗的"丁村人"

早期智人

"丁村人"是发现于我国山西襄汾县的早期智人牙齿、头骨化石,位置在襄汾县南,汾河东岸的砂砾层中,这层砂砾位于有古土壤条带的黄土内。经研究认定,该处的化石距今9万~7万年,属于晚更新世早期的旧石器时期遗存。

"丁村人"介于北京周口店猿人和山顶洞人之间,正好弥补了这23万~1.3万年间的我国古人类断代窗。

丁村人化石中的3枚牙齿,其中右上内侧门齿齿冠舌侧中部低陷，两侧增厚并向内卷，使舌侧牙齿呈铲状，特称铲形门齿。

铲形门齿是黄种人和我国其他人类化石都具有的特征，与白种人显然不同。舌侧接近齿根的部分有明显的舌侧隆突，由此延向切缘有两条指状突。其舌侧隆突和指状突的发达程度介于北京猿人与现代黄种人之间。

那枚右上外侧门齿也呈铲形，并有不明显分离的舌侧隆突。齿根缺乏纵行浅沟，且较为细小，这是与现代人相近的性质。另一枚右下第二臼齿可能与两个门齿属于同一个体。齿尖分布为"十"字形。其相对高度比北京猿人大，但齿冠和齿根细小及咬合面纹理较不复杂又显然比北京猿人的牙齿进步。

总之，3枚牙齿的形态都介于北京猿人与现代人之间，但显然这3枚牙齿是中国人的牙齿。

另外还有一块古人类化石，那是一块小孩儿的右顶骨化石。顶骨骨壁比北京猿人的小孩顶骨薄。顶骨属于大约两岁的幼儿，后上角有缺刻，可能意味着这个小孩具有印加骨，这是与北京猿人相近的特

猿人生活场景

古人类采集野果生活场景图

征。汾河西岸，东侧临近汾河岸边的二级阶地底砾层中，存在有石制品。经过对标本的研究对比，表明该地点是一处属于旧石器时期晚期的典型细石器遗址。

同时，在汾河三级阶地中的中更新世红色土及砾石层中，陆续发现了白马西沟、解村沟、塌河崖、上庄沟等含有石制品的地点，经过不同程度的试掘与采集，证明它们是属于旧石器时代早期晚段的石器文化遗存。

丁村人的石器分布在汾河两岸，主要用角页岩制成。一般石片角较大，打击点不集中，半锥体很大，且常双生，也有小而长的石片。石器中第二步加工的不多，加工方法用碰砧法或用锤击法。

丁村人石器一般较大，代表性石器为大棱角尖状器和石球。大棱尖状器有 3 面和 3 缘，横断面近似等边三角形，可能作挖掘植物根茎之用。

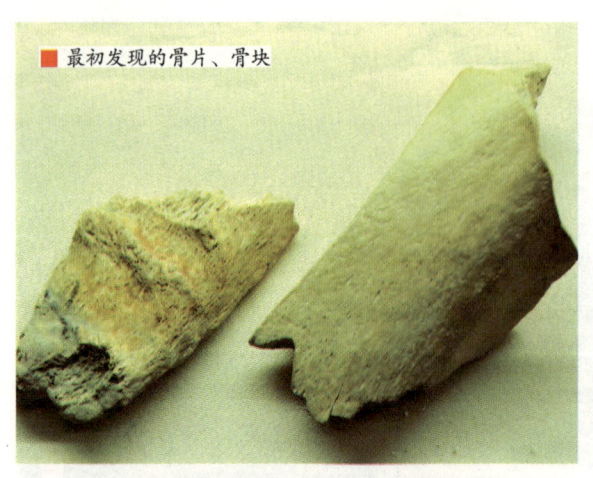

■ 最初发现的骨片、骨块

石球制作颇为粗糙，被认为可能供投掷之用，是狩猎工具流星索。厚三棱尖状器可能是掘土工具。三棱大尖状器和鹤嘴形厚尖状器特色鲜明，个体均厚重，代表了我国华北地区旧石器文化的另一个传统"河套—丁村系"。丁村人的石器加工更细，在技术上比北京猿人有显著的提高，应属古人阶段的人类。丁村文化扩充了丁村人生活的时间，上承北京猿人，下启山顶洞人，将这漫长的时间填充得滴水不漏。

在遗址内同一地层中还发现不少与"丁村人"共生的动物化石，有古菱齿象、纳玛象、披毛犀、野马、野驴、斑鹿、转角羚羊、野猪、水牛、原始牛、熊、獾、狼、狐、貉、河狸、短耳兔、鲤鱼、青鱼、鲩鱼、厚壳蚌等，距今10万~5万年。

在丁村各地点共发现哺乳动物化石28种，大部分为生活在森林和山林之中的种类，代表温暖湿润的气候。从沙砾层中还采集到鲤、青鱼、鲩、鲶、鲇等鱼类化石，皆属于在能经常保持一定大流量的水中生活的种类。在沙砾层中还有大量软体动物介壳化石，其中最引人注目的是一种大型丽蚌壳，这种动物现在只分布在气候温暖湿润的长江以南地区和汉水流域。

从这些实物推测，"丁村人"生活的时代，气候温和，附近山上森林茂密，汾河河床高于现在，水势相当大。两岸松杉蔽日，岸边平地上蒿草野菊丛生，并有鹿、大象、犀牛、野马、野驴出没。

汾河中河蚌和鲇鱼、青鱼、鲤鱼等水生动物甚多。丁村人即在这样的环境中生活在汾河两岸,在河滩上就地取材制作石器,利用石球等工具狩猎野兽,在树林里采集可供食用的野味野果,生息繁衍。

骨片

丁村人遗址不是仅限于汾河东岸单一的中期文化的11个地点,而是扩及汾河两岸,地点多达30多个的大型旧石器时期文化遗址群。丁村人的年代也不是以前所说的10多万年,而是从几十万年前就开始,一直承袭流传至新石器时期。这种情况在我国也是不多见的。

阅读链接

1953年,建筑工人在山西襄汾县丁村同蒲铁路施工现场发现了石器和脊椎动物化石。

1954年,由中国科学院古脊椎动物研究室、山西省文管会各派人员组成发掘队,经过两个月的普查与发掘,共发现含有旧石器的地点11个,并对其中9个地点进行了不同程度的发掘,对其他地点做了调查与采集。

1975年夏季,丁村人牙化石发现地点受到洪水冲击。为了避免洪水冲刷造成文物流失,经呈请国家文物局批准,1976年,由山西省文管会、临汾地区文化部门并邀请中科院古脊椎动物与古人类研究所吴新智参加指导,组成考古发掘队,对遗址进行了抢救性发掘,除了获得更多的考古资料以外,可喜的是又发现一块古人类化石,那是一块小孩儿的右顶骨化石。

吉林最早的古人类"榆树人"

"榆树人"是在我国吉林省榆树市秀水镇大于周家油坊屯发现的古人类头骨、胫骨等部位化石。对于研究古人类在吉林省,特别是在榆树境内这块黑土地上繁衍、生息,提供了实物依据,填补了古人类在吉林省境内活动的空白,确实有着极为重要的历史意义和

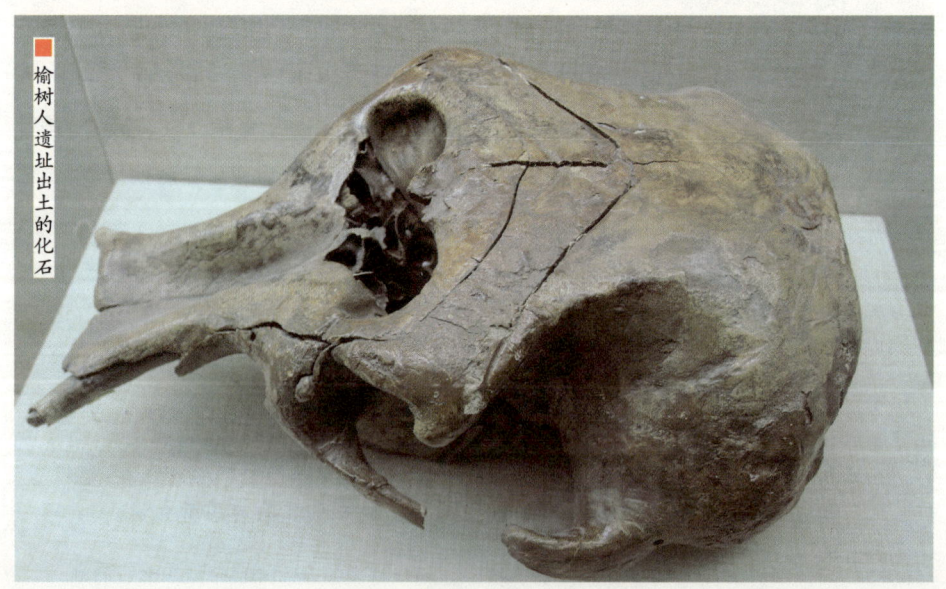

榆树人遗址出土的化石

现实意义。

榆树市位于吉林省中北部，地处长春、吉林、哈尔滨三大城市构成的三角区中心，西南以第二松花江为界与德惠市毗邻，西靠松原市，北、东隔拉林河与黑龙江省双城、五常两市相望，南接舒兰市。

当地农民传说，这里是古代龙集居和活动的地方。因此也就风调雨顺，非常适合人类在这里生活。

榆树人化石分布范围较广，纵贯榆树全境，从北到南，从东到西，到处都可以见到古生物化石。其中古生物化石散落最多的地方为拉林河支流、南北卡岔河、大荒沟，注入第二松花江的河塘、沟谷等地。

大量的古生物化石中，存有两块古人类头骨碎片和胫骨化石，这是对研究东北古人类和吉林省古人类生息、繁衍的重大发现。

关于善良的榆树人，还有个"榆树钱"的传说故事。

相传，很久以前，在东北松花江畔的一个村子，住着一户善良的人家，老两口仅靠着种几亩薄田维持生计，日子过得很苦，但老两口却非常乐善好施，看

■ 古人使用尖状器猎食塑像

榆树 最早因城南一片榆树林，又因后治所为榆树屯而得名。早在4万多年前，"榆树人"就在这片黑土地上繁衍生息。这里曾是鲜卑、契丹、女真等部族活动的区域。西汉属秽貊族扶余国。东汉先隶于元菟郡，后归辽东郡。

到别人有困难总是倾囊相助,是远近闻名的好人。

有一天,农夫出去打柴,看到路上躺着一位衣衫褴褛、饿得奄奄一息的老者。农夫又动了恻隐之心,就把老者背回了家。

老伴看这位老者快要饿死了,就赶紧把家里仅有的一碗米煮成稀饭给老者吃,老者吃饱了,有了精神,看了看农夫的家,叹了口气说:"你们日子过得这样苦,还把仅有的一点米给我吃了,真不知怎样感谢才好。"

农妇说:"快别说感谢,天下穷人是一家,家里人不帮助,还有谁能帮呢?"

老者听了农妇的话,很受感动,从怀里掏出一粒种子,递给了农妇,说:"这是一颗榆树的种子,把它种到院子里,等到长成大树时,如果遇到困难,需要钱时,就晃一下树,就会落下钱来,切记不要贪心。"说完老者就走了。

农夫把这粒种子种到院子里,果然长出一棵树来。老两口精心地侍候着,浇水、除草、施肥,几年就长成了一株枝繁叶茂的参天大树,更奇怪的是,树上竟结出了一串串的铜钱。

虽然有了这棵树,老两口还是靠种地维持生活,只是遇到非常困难或者帮助别人的时候,才到树下晃下几个铜钱来。

但是,这个消息很快传了出来,被村里的一个恶霸知道了,他带

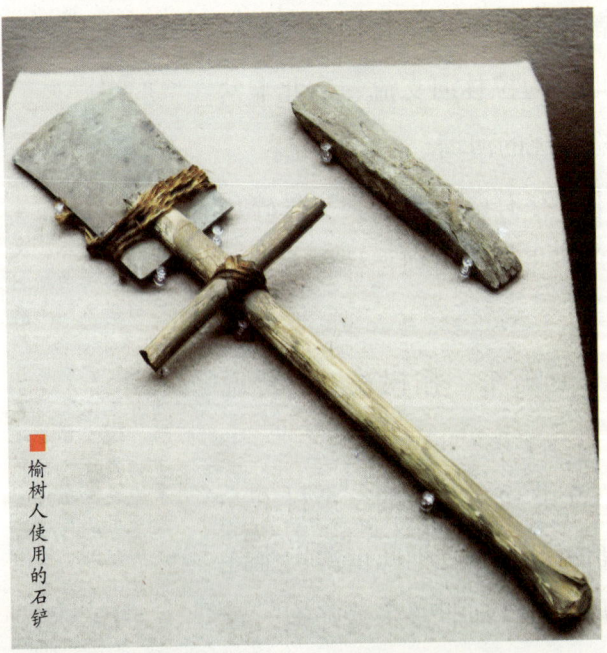

榆树人使用的石铲

着打手,气势汹汹地来到农夫家,把农夫赶了出去,霸占了这棵树。

老恶霸来到树下,看着树上结着一串串铜钱,抱着树就晃了起来,树上的铜钱像雨点一样"哗哗"地落下。他一边晃树,还一边大喊:"我发财了,我发大财了!"

老恶霸从早晨晃到中午,最后他和他的打手都被铜钱埋了起来,压死了。从此以后,这棵树就再也不落铜钱了。

新石器时代古人塑像

猿人遗存 北部猿人

这一年,天气大旱,地里寸草不生,村民们眼看都要饿死了。村里几个淘气的孩子来到树下玩,看到树上又结出了一串串绿乎乎的东西,孩子们感到好奇,就爬到树上,看到一串串像铜钱一样的绿东西,忍不住摘下几片放到嘴,还微微的有点甜,很好吃,孩子们高兴地告诉了大人。

饥饿的村民们纷纷来到树下,吃这种绿东西,奇怪的是,人们吃了它以后,就不感到饿,还浑身有劲了,全村人就靠这棵树度过了荒年。后来,村民们为了纪念这棵曾经救活了全村人性命的树,又因为它长得像一串串的钱,就给它起了一个很好听的名字——"榆树钱"。

这样"榆树钱"就成了榆树的种子,它随风飘下,落到哪里,

■ 猛犸象 古脊椎动物，哺乳纲，长鼻目，真象科，学名真猛犸象，也称长毛猛犸象。猛犸的生活年代为1.1万年前，源于非洲，早更新世时分布于欧洲、亚洲、北美洲的北部地区，尤其是冻原地带，体毛长，有一层厚脂肪可防寒，以群居为主。最后一批猛犸象大约于公元前2000年灭绝。

就在哪里生根、开花、结果。多年以后，这个村子的周围就长出了一片片的榆树。

从那时起，一遇到荒年，人们就吃榆树钱来充饥。因为这个村子有这种奇怪的树，远近的村民都搬到这里来住，成了很大的村子，人们就把这个村子叫榆树村，而且村子规模也慢慢地不断扩大。

所以，古老的榆树人，就像这榆树钱在这片土地上生根、开花、结果一样，一代代地生活着，并留下了大量的化石。

在榆树人化石的遗址中，还有大量古生物化石，包括猛犸象、披毛犀、东北野牛、野马、水牛、马鹿、普氏羚羊、野狗、鹿、狍子、田鼠等。同时，还有许多打制石器、石片、刮削器、尖状器等当时人类生产、生活用的工具。

研究发现,"榆树动物群"与西伯利亚南部动物群基本相似,同属一个动物群区系,距今有7万~4万年。

同时,还有骨器70余件,其动植物的躯体、果实、根茎等遗物,是原始人类赖以生存的食物之源,印证了这个区域内确实有原始人活动,从而做出了科学结论。

根据对周家油坊村出土的人类骨骼化石和猛犸象门齿化石的科学测定,及对石器、骨器特点的综合分析,"榆树人"应属于旧石器时期晚期智人,相当于或略晚于以宁夏水洞沟和内蒙古萨拉乌苏河为代表的河套文化。他们生活的年代距今有两三万年。

在榆树人时期,周家油坊一带地区,生长着以松、云杉、冷杉及桦属树木为主的原始森林,在森林之外,则是以野蒿、野菊及藜科植物等为主的大草原

河套文化 是我国华北地区旧石器时期晚期文化。发现于河套南部内蒙古萨拉乌苏河沿岸一带。地质年代为晚更新世,是我国境内最早发现的旧石器文化之一。河套文化是草原文化和黄河文化的融会之产物,是我国北方草原主流文化的重要组成部分之一。在草原文化中,河套文化既是源,又是流。

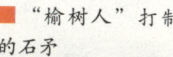
"榆树人"打制的石矛

和沼泽地，猛犸象、披毛犀、原始牛、鬣狗、马鹿、狍子、田鼠等原始动物成群结队地在这里栖息。

当时正处于冰期气候或冰缘气候时期，气温远远低于现在。猛犸象、披毛犀、松、杉、蒿、藜等冰缘动物、植物的存在，为"榆树人"的生产和生活提供了丰富的自然资源。

可见，"榆树人"就是使用石头和动物骨骼打制的尖状器、刮削器、挖掘器及铲、矛等简陋的工具，勇敢地同各种自然灾害和凶猛的野兽进行殊死的斗争，十分顽强地维护着自己的生命，推动着历史的发展和进步。

在榆树境内共有42处古生物化石分布地点，为研究吉林省乃至我国东北地区的古人类、古地理、古气候以及古生物，都提供了重要的实物资料。

阅读链接

1950年夏天，在榆树秀水镇大于周家油坊屯前的大沟及其周围的自然屯中，经常发现不知名的古生物化石散落于地表。当时人们传说这是"龙骨"。有的群众把发现比较大的"龙骨"捡回去压房子、压猪圈、顶门；还有的把一些已经风化的古生物化石，背到附近或县城的中草药店里当作"龙骨"卖掉，许多中草药店也真的当作"龙骨"把它收下做了药材。

1956年初夏，著名考古文物专家斐文中教授一行人员，来到吉林省榆树市秀水镇大于周家油坊屯，进行了为期半个月的考古调查和发掘工作，采集了大批古生物化石，经过整理，从中发现了古人类胫骨化石。又对采集的大量古生物化石进行清理，称为"榆树动物群"，并判断为"旧石器晚期文化"。

人类遗迹

东部猿人

我国的东部地区幅员辽阔，靠近漫长的海岸线，包括上海市、江苏省、浙江省、安徽省、福建省、江西省、山东省以及宝岛台湾。面向大海给了当地文明发展最好的契机，也保留了众多的古人类遗存。其中包括江苏下草湾人、安徽和县人、山东沂源人、江苏南京人和台湾左镇人等。每揭开一处古人类文明遗址，都是我们的远祖从几十万年前向我们发出的真情呼唤……

打破南方天荒的"下草湾人"

江苏"下草湾人"也称"下草湾新人"。是在我国江苏省泗洪县双沟镇东南处发现的一段股骨化石,为更新世晚期人类的化石,距今5万~4万年。"下草湾人"股骨化石的发现,打破了"南方更新世晚期

古人狩猎场景

■ 古人钻木取火场景

地层中无原始人类踪迹可寻"的论说，证明下草湾是江苏人类乃至我国人类祖先的发源地之一。

历史上泗洪县水患一直不断。传说古时候，由于一个下草湾的年轻后生路过洪泽湖，与湖中水母娘娘相遇。水母娘娘很爱他才学出众，长得英俊，便向他求婚，但他执意不从。水母娘娘一气之下，便借来东海水淹了泗洪县。

泗洪县双沟镇早在宋朝即形成集市，因面临淮河得名顺河集，又名水集，后因东、西两侧各有一条流水大沟而得名双沟。

下草湾位于泗洪县双沟镇东南，南临淮河，北滨洪泽湖，是河湖间的岗岭地带。由于滨湖湾，且有广泛的水草资源，故称"下草湾"。

泗洪县 位于我国江苏省西北部，东临洪泽湖。泗洪县历史悠久，时为徐国中心，南北文化交会处，与中原文化、吴越文化、楚文化相互渗透、融合，形成璀璨夺目的古徐国文化之主体。后为泗州本州。境内分布着吕布辕门射戟台、鲁肃故里子敬泉、隋朝开凿的通济渠等古迹名胜。

■ 古人制作衣服画面

历史上因洪水泛滥，双沟小镇东、西两侧被洪水冲刷成两道大沟，明代人称双溪镇。因溪即沟，泗州州守王如玖改双溪镇为双沟镇。

传说很久很久以前，双沟、四河、峰山地域都是黄淮海湾地区，由于地势低洼，加之在历史上连续有600多年的洪水灾害，万千良田被洪水吞于一旦，人民食不果腹，衣不遮体，苦不堪言。

这时，在盱眙山随张天师学艺的二郎神于心难忍，抓起方天画戟，挑起一座山峰，命哮天犬引路，脚踏洪浪奔到泗洪地域，放到洪浪之前，挡住了洪水，于是就形成了下草湾附近的岗陵地带。

含有古脊椎动物化石的下草湾土层的地质结构为湖相沉积区，其岩性特征为灰绿色与紫红色、褐色泥浆，并普遍含有高岭土矿物，因此，下草湾地层被称为"下草湾高岭土地层"，这一地层是地质年代中新世的典型地层。

淮洪新河东岸发现一段人类化石，经鉴定为右侧股骨化石，化石为股骨的上半段，小转子基部以上已经完全缺损。从形态上看，有股骨结存在。骨表面布

张天师 传说中为道教创始人张道陵，第一代天师。张道陵7岁埋头书房，苦读《道德经》《河图》《洛书》，19岁设帐讲学，由于当时社会的种种原因，张道陵无意官场，决计修道拯救百姓。张道陵先后在青城山、龙虎山、巴蜀地区传道，创立了我国土生土长的宗教——道教。

满长尾纤孔,确定为人类的股骨。

从其石化的程度计算,以及从海绵骨质的空隙中填土来判断,确定为相当早的人类化石。经测定,说明这段骨化石的年代较现代人早,比巨河狸晚。

这段股骨侧面直平,同北京猿人股骨相似,不同于现代人股骨的向前弯曲。股骨上部的扁平度介于北京人与现代人之间,而与尼安德特人相近。股骨下端骨壁的厚度和髓腔大小的比例,远比北京猿人小。

在下草湾东南的火石岭,有与下草湾新人同时期的旧石器遗址,在这里发现了刮削器、尖状器等石器。这说明,这段股骨为更新世晚期人类的化石。

所谓"新人"的分类,是根据我国旧石器时期的地质年代来划分的,旧石器时期晚期的人称为"新人"。"下草湾人"是住在濒水的高陵地带,环境决定了他们的生活文化层不容易保存。不像同一时期的"山顶洞人",由于住在山洞中,环境比较干燥,所以比较好地保持了当时的生活形态,考古挖出来不少他们当时的石制工具。

> 戟是一种我国古代独有的兵器。实际上戟是戈和矛的合成体,它既有直刃,又有横刃,呈"十"字或"卜"字形,因此戟具有钩、啄、刺、割等多种用途,所以杀伤能力胜过戈和矛。戟在商代就已出现,西周时也有用于作战的,但是不普遍。到了春秋时期,戟已成为常用兵器之一。

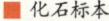

■ 化石标本

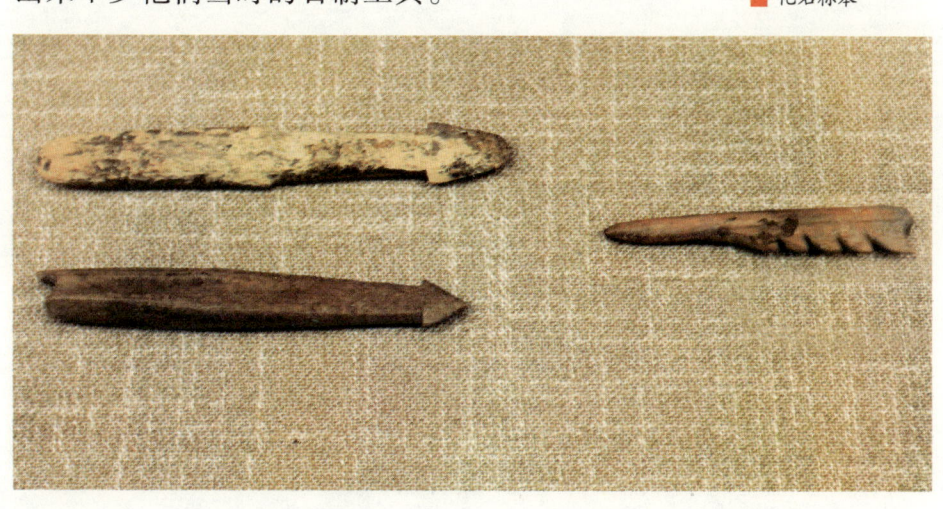

■ 四不像化石

■ 四不像 即麋鹿，属于鹿科，又名大卫神父鹿，因为它头脸像马、角像鹿、颈像骆驼、尾像驴，因此又称四不像，原产于我国长江中下游沼泽地带，以青草和水草为食物，有时到海中衔食海藻。后来由于自然气候变化和人为因素，在汉朝末年就近乎绝种。

下草湾有一个像小岛的地带。传说洪泽湖古时候通大海，一个乌贼精在这里作祟，把这里的沙子都拱起来而形成的。

也有人说，很久很久以前，东海有一条黑龙偷食了龙王敖广的黑珠，犯下天条，被玉帝派天兵天将追杀，于是逃到下草湾，钻进湖底藏身，这条黑龙在湖底翻了个身，拱起一片沙滩，就形成了这个小岛。

下草湾一带不仅有古人类活动的遗迹，还有相当丰富的动物化石，如中国大河狸、纳玛象、剑齿象、四不像、无角犀、原始牛及众多的淡水动物化石。

这些动物和蚌类都是下草湾人不可缺少的食物资源。从这些动物化石来看，5万年前的下草湾环境非常好。那时候气候应该很温润，有茂密的森林、成群的动物和踽踽独行的人类的祖先"下草湾人"。

阅读链接

1954年治理淮河时，中国科学院古脊椎动物与古人类研究所所长、地质学家、古生物学家杨钟健教授来到下草湾水利工地考察古生物，发现巨河狸及其他一些古脊椎动物化石。

杨钟健教授在考察巨河狸和其他古脊椎动物时，于淮洪新河东岸，采集到一段人骨化石，经鉴定为右侧股骨化石。之后这段股骨化石又经著名古生物学家吴汝康、贾兰坡两位教授研究，他们认为这段股骨同北京猿人股骨相似，不同于现代人股骨。介于北京人与现代人之间，而与尼安德特人相近。

山东旧石器人类沂源猿人

我国山东省沂源县历史悠久,早在四五十万年前与"北京猿人"同时期的"沂源猿人"就在这里繁衍生息,是山东人的远祖。

沂源猿人化石发现于沂源县土门镇九会村,其中猿人头盖骨化石两块,眉骨两块,牙齿8颗,肱骨、股骨、肋骨各一段及伴生动物骨骼化石10余种。

经鉴定,这些化石确系旧石器时期的猿人遗骸,并且属于两个猿人以上的个体出土的古人类化石,与"北京猿人"处于同一时代。

沂源地处我国山东省中腹部,

沂源猿人复原头像

■ 木炭

是全省平均海拔最高的县，素有"山东屋脊"之称，是泱泱八百里沂河的发源地。其境内低山连绵，河流纵横。

沂源境内有个"九天洞"，此洞之所以称为"九天"，是因为神话传说中天有9层，即九天，而这个洞也有9个洞厅，景观可与神话中的天宫相媲美，所以叫九天洞。

沂源山清水秀，属暖温带半湿润大陆性季风气候，植被好，气候较湿润。土门镇背山面水，环境优美。一个有山有水的所在，往往是有灵性的地方。当地的地理环境和气候条件特别适合人类生存。

在地质地貌上，沂源也的确有其得天独厚的条件。鲁中灰岩低山丘陵山势和缓，河谷切割不深，地面起伏不大。在此范围内，至少有洞穴上百个，其数量之多，国内罕见，被命名为"北方溶洞之乡"。

而在远古时期，沂源的气候要比现在温暖湿润得多，当时沂源一带的年平均气温比现在要高，属于北亚热带气候的植被茂盛，动物繁衍，非常适合远古人类生活。这些优势条件都说明，这里曾是古人类生存和繁衍的摇篮。

古老的沂河历史悠久，广泛流传着古代的神话，或许传说中的沂花姑娘就是古代的沂源人。

沂河 发源于我国山东省沂源县，"沂河"之名来源于大禹治水。禹总结了父亲鲧堵截水泛滥成灾的教训，深受小河里孩童玩水开口顺水的启发，开山劈地开河治理水灾。正是因为太古沂河是禹王用"斧"开辟的，古字"斧"就是"斤"，所以人们就将这里取名"沂河"。

相传沂蒙山的沂花，做了观音的使女。沂花跟观音菩萨来到南海，照样思念家乡和爹娘。这一天，观音去赴蟠桃会，让沂花捧着玉净瓶，跟她一起驾着祥云去了。当她们来到沂蒙山区上空时，沂花偷偷地看家乡，只见到处是焦山秃岭，看不到一点青绿颜色，就连乡亲们吃水的井都干了，不知爹娘和乡亲们怎么过日子。

沂花看得眼泪汪汪，趁观音不留意，偷偷用杨柳枝儿蘸着玉净瓶里的神水往下面洒了几滴，霎时间，沂蒙山里喜降大雨，山山岭岭百花盛开，万木葱茏……

沂花看到这般光景，心里乐开了花。抬头一看，观音菩萨早已走远，沂花急忙赶上去。来到南天门外，观音要过玉净瓶，令沂花站在南天门外边等候，自个儿到瑶池仙宫喝仙酒、吃蟠桃去了。

这一来，沂花可就有了机会，她趁着把守南天门的天兵天将不注意，驾起祥云跑回了沂蒙山。

观音菩萨赴蟠桃会出来，找遍了天宫就是不见沂花的影子。这时候，千里眼把沂蒙山区降雨的事奏明了玉皇大帝，玉帝查问是谁降的雨，观音菩萨掐指一

鲁 山东省的简称，"鲁"原为我国春秋时国名，在今山东省南部，都城在今曲阜。周武王于公元前1046年杀纣灭商后，封其弟周公旦于鲁。国名"鲁"是武王所赐，意为"像鱼儿那样生活在东夷之海中，用摆尾的方式扫荡敌对势力"。这说明鲁国之封是周王室经营东方的重点、难点，周王室对此有充分的心理准备。

■ 短身圆头刮削器

算,原来是沂花偷降了大雨,又跑回了老家。菩萨大怒,招来善财童子一起去捉拿沂花。

沂花回到人间,见了爹娘和乡亲,正哭诉着离别后的光景。忽听观音要把她拿回天宫问罪,乡亲们说:"孩子,你豁上性命救了这一方生灵,俺们说啥也不能让你回天上去受罪,快藏起来。"乡亲们将沂花藏进一个山洞里。

善财童子在天上喊破嗓子也不见沂花出来,观音菩萨无奈地说:"下界的人听着:一时三刻不交出沂花,我就让善财童子喷出神火,把沂蒙山烧成一片焦土。"

沂花在山洞里听到这话,心想我不能连累父老乡亲,于是跑了出来。观音按落云头,指着沂花说:"好个丫头,你已犯下弥天大罪,快随我上天庭领罪去吧!"

古人类雕像

沂花说:"观音菩萨,任杀任剐由您,沂花至死也不离开爹娘和众乡亲。"观音催了半天,沂花就是不动,不由得生气地说:"好吧,你既然有这般志气,我就发发慈悲成全你。"说完用手一点,沂花立时化成了一条小河。观音长叹了一声,带着善财童子驾云回南海去了。

聪明伶俐、救苦救难的沂花被菩萨点化成了一条小河,乡亲们心疼得一起大放

古人制陶场景

悲声，这哭声惊天动地，流下的泪水把那条小河冲成了大河。河水像沂花留恋家乡一样，缠山绕岭流过沂蒙山区，汇进了大海。

人们看着河水，思念着沂花，就把这条大河叫作"沂河"了。沂源人世世代代生活在这里，于是留下了许多古人类的化石。

沂源人化石发现于土门镇九会村骑子鞍山东山根、下崖洞南处，在一个很小的连洞穴都算不上的浅洞，面积不大，但是，就在如此小的地方却存有许多动物化石碎片。

尤其是其中一件瓢形的人类头骨化石，头骨内壁的脑动脉切沟依稀可辨，尽管不完整，但仍可以确认这是一件珍贵的人类头骨化石。

另外还有直立人牙齿7枚和大量的哺乳动物化石。经鉴定，确实是旧石器时期的猿人化石，与举世闻名的"北京猿人"处于同一时代，是所发现得最早的山东古代人类化石。

不过，沂源猿人头骨化石发现地点并非他们生活的地方，其遗物好像是发生泥石流之后从别处冲积而来，但其生活地肯定离化石发现

古人粮食加工工具磨盘

地不远，遗憾的是，由于一些暂时无法解决的原因，一直未能发现。

另外，在沂源县张家坡镇北桃花坪村扁扁洞里，发现顶骨、枕骨、牙齿等古人类化石和石斧、陶器及粮食加工工具磨盘、磨棒等石器，该遗址完整保存了厚厚的三层文化堆积，其中一个文化层保留了大量人类活动的迹象，有灶面、火的烧结面、灰坑、活动面。

"沂源猿人"化石的发现，填补了我国古人类生活遗迹地理分布的空白，并为研究古地理、气候、人类进化和史前文化，提供了弥足珍贵的资料。

阅读链接

1981年，沂源县文物普查小组在该县的土门乡进行文物普查时，当地驻军战士提供线索称，在一个崖洞里有一些好像化石的东西。

文物工作人员马上赶到现场，果然发现了一些残破的哺乳动物的肢骨化石和更多的化石碎片。突然，旁边的一个战士说，他们在施工中曾挖出有点像人头骨的一块骨头，但后来不知道埋到哪里去了。

文物普查小组来到沂源县土门乡芝芳村骑子鞍山东侧崖下。一件碗口粗的化石被挖了出来。他们仔细剔剥着中间的红色填充物，慢慢地，一件瓢形的化石暴露在眼前。经过几个小时细致的清理，头骨内壁的脑动脉切沟依稀可辨，可以确认这是一件珍贵的人类头骨化石。

和县完整的猿人头盖骨化石

"和县猿人"是在我国安徽和县西北善厚镇陶店汪家山北坡龙潭洞发现的直立人化石之一,包括一个我国唯一保存完好的猿人头盖骨化石、两块头骨碎片、一块破碎的下颌骨和9枚零星的牙齿。

与和县猿人共生的哺乳动物化石达40多种,其中有华南大熊猫、剑齿象动物群中的许多典型代表。

和县猿人的发现,填补了安徽省旧石器时期的空白,尤其是完整的头盖骨化石的发现更是举世瞩目。

龙潭洞洞穴古老,泉溪清澈,大旱不干涸,故名"龙潭洞"。

和县猿人头盖骨化石

和县猿人生活时期的古气候为亚热带气候,山上有茂密的森林,山下北面有滁河,河两岸为宽阔的旷野,有大片的草原和湖沼。当时,这里生活有大量的古脊椎动物。

在260万年前,由于新构造运动,大气环流发生变化,西北季风逐渐增强,全球变冷,冰川发育,并伴随多次气候冷暖波动,以秦岭为界的南北气候格局基本形成。

至此,秦岭以北的广阔地域便在西北季风控制之下,形成了干旱的气候,累积了厚厚的黄土。这样的生态环境是不适宜远古人类繁衍生息的。

而在秦岭以南,由于处在东南和西南季风控制之下,气候湿润,植被繁茂。不言而喻,这样的生态环境才是远古人类生息的理想家园。人类群体中,最先进入这片沃土的,当然是能够直立行走、能够制造工

> **秦岭** 横贯我国中部的东西走向山脉。西起甘肃南部,经陕西南部到河南西部,主体位于陕西省南部与四川省北部交界处,呈东西走向,长约1500千米。为黄河支流渭河与长江支流嘉陵江、汉水的分水岭。秦岭—淮河是我国地理上最重要的南北分界线,秦岭还被誉为华夏文明的龙脉。

■ 古猿复原画面

■ 古人打制工具场景图

具的远古先民。

龙潭洞中的1具猿人头盖骨化石包括4颗猿人上臼齿化石、1段左下颌骨化石。这件罕见的完整头盖骨化石堪称举世瞩目的珍宝。这是我国继北京周口店和陕西蓝田之后第三个发现猿人头盖骨化石地址。

龙潭洞中还存有密集且种类繁多的动物化石，有哺乳类、鸟类和爬行类等。另外还有一部分粗陋的骨器和火烧骨片、灰烬等。

据推断，"和县猿人"头盖骨化石为一个20岁左右的男性青年，属新生代第四纪中更新世地质时代，距今三四十万年。

和县猿人头骨具有许多与北京猿人相似的特征。例如颅穹隆低，颅最大宽位于两侧外耳门附近，额骨扁平和明显向后倾斜，具有矢状脊，眉嵴和枕脊均发达，颅骨很厚，枕骨枕平面与项平面交界呈明显角状

矢状脊 也叫矢状嵴，是一道沿颅骨顶部中线的脊状的骨头。许多哺乳动物和爬行动物都有这样的颅骨结构。这个结构一般表示这些动物有非常强健的咀嚼肌。矢状脊主要是用来固定颞肌，它是最重要的咀嚼肌之一。

■扬子鳄

■扬子鳄 我国特有的一种鳄鱼,是世界上体型最细小的鳄鱼品种之一。它既是古老的,又是濒临灭绝的动物。在扬子鳄身上,至今还可以找到早先恐龙类爬行动物的许多特征。所以,人们称扬子鳄为"活化石"。因此,扬子鳄对于人们研究古代爬行动物的兴衰和研究古地质学和生物的进化,都有重要意义。

转折。颅骨的多项测量也和北京猿人近似。脑容量约为1025毫升。

此外,和县猿人头骨又显示出若干较为进步的特征,例如眶后缩窄不如北京猿人那样明显;颞鳞高,且其顶缘呈弓形隆起。

根据以上初步描述,和县猿人的系统位置可视为与北京猿人的晚期代表相当。

和县猿人化石伴生的脊椎动物化石约50种。爬行类有龟、鳖、扬子鳄等;鸟类有马鸡;哺乳类有田鼠、大鼠、硕猕猴、狼、貂、狐、猪獾、水獭、中国鬣狗、剑齿虎、中华猫、豹、大熊猫、棕熊、东方剑齿象、马、中国貘、额鼻角犀、李氏野猪、葛氏斑鹿、肿骨鹿、麋、野牛等。和县动物群是南、北型动物互相混合的过渡类型。

和县猿人的地质时代属于更新世中期,与北京猿人化石产地第三至第四层的时代相当,年代距今在30万~20万年。

和县猿人的声望虽然不高,但是标本却相当完好。就同时期的人类化石来说,其完整性只有北京猿人可以与之相比。

和县猿人及其动物群的重大发现，对于研究人类起源和发展、南北早期人类在演化上的差异、关系、位置、特性，长江流域的发育史，第四纪动物的迁徙、古地理和古气候的演变都有十分重要的价值，也为中华民族文化渊源提供了极其珍贵和重要的依据。

在此之前，普遍认为黄河流域是中华民族文明的唯一摇篮。"和县猿人"的发现，证实早在新生代第四纪更新世中期，也就是距今40万~30万年前，那里就有人类生存活动，说明了长江流域与黄河流域都是中华民族文明的摇篮。

中华猫 即中华古猫，是老虎的直系祖先，主要生活在我国森林山地。多单独生活，不成群，多在夜间活动，嗅觉发达，行动敏捷，善于游泳，但不善于爬树。与其他虎的亚种相似，中华古猫主要是猎食有蹄类动物。

阅读链接

1979年春，安徽省水文队在进行地质普查时，采集了一些化石，并致信中国科学院，希望派人帮助鉴定历史年代。同年秋，中国科学院古脊椎动物与古人类研究所助理黄万波回到研究所，在办公室后的一个邮件盒里发现一些化石，其中有猿人的牙齿，引起了他的重视。

由中科院古脊椎动物与古人类研究所彭春和黄万波组成发掘队到龙潭洞。他们在工作面西端发现1具猿人头盖骨化石、4颗猿人上臼齿化石、1段左下颌骨化石。这件头盖骨化石后被专家研究后命名为"和县猿人"。

南京古人类先民汤山猿人

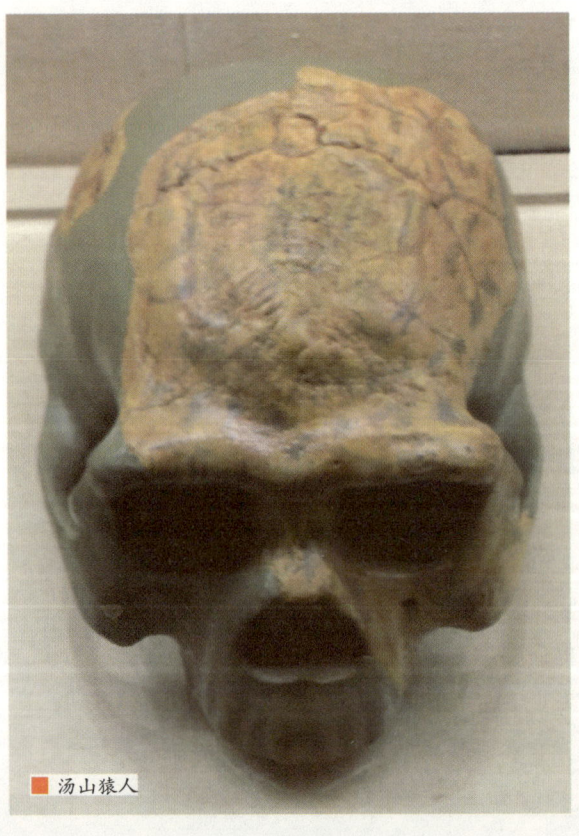

汤山猿人

江苏省南京市汤山镇西的雷公山中,有一个巨大的溶洞群,因其洞体如平卧的巨型葫芦,故称"葫芦洞"。洞内发现了较为完整的古人类头骨化石,经科学鉴定,是生于30万年前的南京猿人,证实了长江流域是中华民族的发祥地之一。

在南京的汤山镇有一座山,名叫射乌山,传说是后羿射日所登的山。盘古开天辟地之后,

生物化石

起初风调雨顺，人兽和睦，世间万物幸福地生活着。可后来有一年，突然天上冒出来10个太阳，把大地烤得像火炉，人和兽被烤得死的死、逃的逃。这时，后羿率领部落就住在汤山。他是出名的神箭手，他听老人说，太阳是3只脚的金乌鸦变的，于是他就带上弓箭，爬上高山，拉满弓，瞄准一个太阳就是一箭。果然，从天上掉下来一只大乌鸦。

这下后羿更有把握了，他又一箭接着一箭射上天空，一连射了9箭，射落了9个太阳。于是，大地恢复了凉爽，树木变绿了，庄稼返青了，人和动物又过上了好日子。

后羿射中了9个太阳，其中8箭射到当中，而有一箭却射偏了一点，还未冷透就落到汤山山肚子里去了，把地底下的泉水烧得滚烫，于是汤山就有了温泉。

而葫芦洞据说也源于一个美丽神奇的传说。相传在很久以前，汤山镇一带有妖魔鬼怪经常作乱人间，残害生灵，当地村民难于生存而纷纷逃亡。此情况被观世音身边护法的七子金刚葫芦娃兄弟知晓，他们相约到人间与众妖斗智斗勇，鏖战了七七四十九天，但不幸其中有两兄弟被妖怪吃掉。

正在艰难的时候，观音菩萨突降人间，她降服了魔怪。为保一方百姓平安，也为了防止魔怪死灰复燃，观音菩萨就命令剩下的五个金刚葫芦娃永驻此洞，并把此地命名为葫芦洞。世代相传，人们都说后羿和葫芦娃就是古代汤山人的原型呢！

葫芦洞的汤山猿人化石分为1号头骨和2号头骨。其中1号头骨保存稍完整，有顶骨、额骨、左眼眶及部分面颊、鼻骨和枕骨等，初步分析为成年女性个体头骨。2号头骨仅存额骨、顶骨及部分枕骨，属成年男性个体。

南京猿人头骨形状特征与北京周口店猿人有诸多相似之处，伴存的动物种群也和周口店"北京人"的相似。这对于研究我国古人类分布演化，以及更新世人类生存环境，特别是长江中下游的环境，具有高度的历史价值和科学价值。

葫芦洞中还发现1枚猿人牙齿化石及2000余件古脊椎动物化石，大概属于15种动物。其中中国鬣狗、肿骨鹿等绝大部分动物已在远古时灭绝。初步测定，

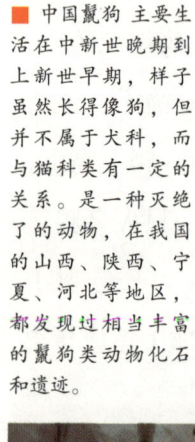

■ 中国鬣狗 主要生活在中新世晚期到上新世早期，样子虽然长得像狗，但并不属于犬科，而与猫科类有一定的关系。是一种灭绝了的动物，在我国的山西、陕西、宁夏、河北等地区，都发现过相当丰富的鬣狗类动物化石和遗迹。

其年代属中更新世晚期，距今35万年左右。

葫芦洞古人类头骨化石的出土，是我国古人类研究及旧石器时期考古领域具有世界意义的重大发现，它将南京先民的活动历史提前到35万年以前，而在此之前，南京最早只可追溯到以北阴阳营文化和浦口营文化遗址所代表的距今五六千年历史的新石器时期。

"南京猿人"头盖骨化石的发现，对研究人类演变规律提供了重要依据，是我国继北京猿人、云南元谋人、陕西蓝田人、安徽和县人之后又一重大发现。

■ 原始人类哺育后代画面

阅读链接

葫芦洞是1990年被采石工人发现的。1992年下半年，汤山镇决定将葫芦洞作为旅游景点进行开发，陶胪鸿任顾问。

1993年，陶胪鸿到挖掘现场，见到箩筐内有一个似球状的化石，疑是股拐骨或猿人头骨。在清理葫芦洞南侧小洞中的堆积物时，发现一具保存相当完好的头骨化石。后来陶胪鸿用手扒去一些泥巴，便看出有眼眶轮廓和眉骨形状，他惊喜地说："这是国宝，是猿人头骨化石。"

他们带着实物和照片专程飞赴北京，向中科院报告，请古脊椎动物与古人类所著名人类专家吴新智、张银运两位教授做权威鉴定，他们一致认为这是古人类头骨化石。新华通讯社报道了这个重大发现，立刻轰动了全世界。

开发台湾第一人的"左镇人"

台湾"左镇人"是在我国宝岛台湾省台南县左镇乡菜寮溪溪谷发现的9块灰红色的古人类化石,其中有7块是头骨残片,另外2块则是大臼齿。每块化石都代表单一的个体,分属于距今3万年的几个古代人类。

"左镇人"是最早开发我国宝岛台湾的先驱,他的出现,把台湾原始社会的历史在"长滨文化"的基础上,向远古推溯了两万年左右。左镇人揭开了台湾人类历史的第一页。

左镇乡位于我国台湾省台南县东南方,北临玉井乡、山上乡,东邻南化乡,西邻新化镇,南接龙崎

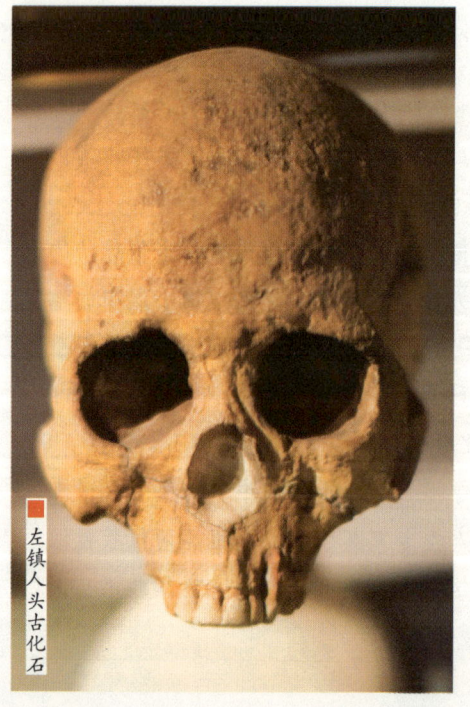

左镇人头古化石

乡、高雄县内门乡。

左镇乡位处山区，虽地势不高，地形却是高低起伏，形成半面山、断崖、曲流、深谷等特殊地景，缺乏大而平坦的腹地，气候上则属热带季风气候。

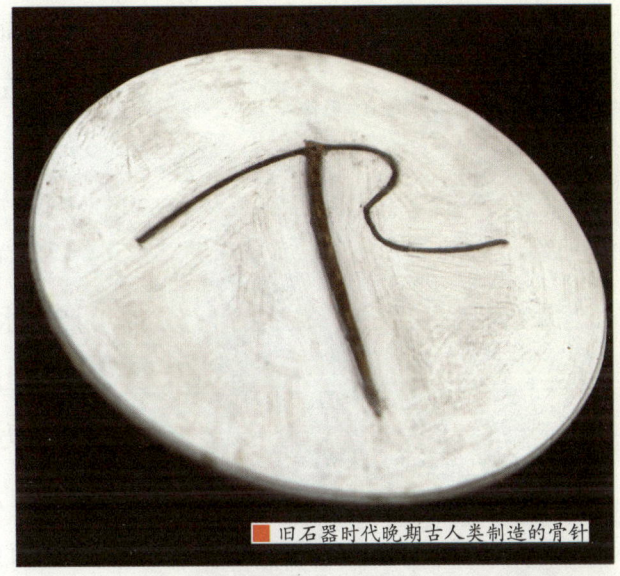
旧石器时代晚期古人类制造的骨针

在菜寮溪河床出土的左镇人化石总共有9块，其中的3块，1块经测算，是3万年前一位约20岁的男性青年的顶骨；1块是具有强壮颞肌的成年人左顶骨残片；另1块是一个成年人的右顶骨残片。这3个人都是属于同一群及同一时代的人类。

至于2块臼牙的齿冠，比现代人的要大一点，从臼齿化石的情形来看，可能是属于2万~3万年间的人类，分别属于一男一女的遗骨。

就生存年代而言，左镇人与"山顶洞人"大致相当，都属于旧石器时代晚期的现代人智人种。只是在山顶洞人的居住地北京周口店龙骨山，还伴存有大量旧石器时代末期的器物，如石珠、赤铁矿粉、制作精细的骨针等，它们标示了华北山顶洞人在我国历史上的划时代地位。而伴存于左镇人的仅仅是一些毫无文化显示的更新世哺乳动物的化石。

左镇人从何而来？在古老的高山族民间传说中，屡屡有将台湾诸山作为本民族发祥地的故事。高山族中的卑南人的民间传说尤其美丽动人。

《社族祖先的传说》讲道：一位女神奴奴拉敖右手持一石头，投

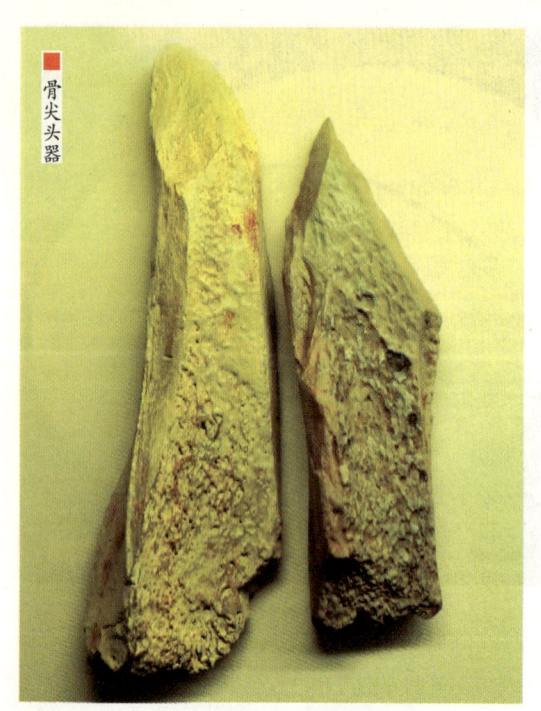

骨尖头器

石于地,石头裂开,生一男神;左手拿竹,竹插于地,地裂开,生一女神。此二神皆为卑南族祖先……

但是,由于年代久远和生产力水平的限制,古老、纯朴的高山族人民尽管充分发挥了想象力,也无法突破自己世代生存的狭小天地并溯及本民族真正的源头。

根据生物进化论的观点,由氨基酸进化到高级生物要几十亿年的漫长过程。台湾山脉的最后形成,不过是近二三百万年的事情,根本不可能凭本身产生人类。显然,台湾最早的开发者是左镇人,而左镇人是从祖国大陆迁徙过去的。

1.5万年前,海平面低于今天,3万年前则应更低一些。台湾海峡平均深度80米,那时当在海平面之上。因此,左镇人可以很顺利地由大陆经过长途跋涉走过这块低洼的陆地进入台湾。

另外,在福建的清流、漳州和东山等地发现的古人类化石,时间虽比"左镇人"晚些,但从牙齿结构和体质形态上看,也属于同一起源。

古地理学研究证明,旧石器时代台湾岛和祖国大陆是连成一片的,"左镇人"是从祖国大陆东南经过长途跋涉,先到达台湾西部,再向南迁移到一处四面青山环绕和溪水明澈的地方,这就是后来的左镇。他们就在这里安居下来了。

台湾最早的人类来自大陆,他们带去了华南的原始文化。可是当时尚未发明水上交通工具,而在海峡中南部横亘着一条浅滩带,由台湾浅滩、南澎湖浅滩、北澎湖浅滩和台西浅滩组成，称为"东山陆桥"，一般水深不超过40米。原始人类就是通过"东山陆桥"去到台湾的。

首先，地球史证明海平面存在升降交替的状况。地球有冰期与间冰期频繁交替出现的演变规律，相对应的是冷暖气候的交替变化。冰期到来，气候变冷，海平面下降；间冰期到来，气温回升，海平面上升。在台湾最高的玉山一带发现的贝类与鱼类的化石，说明间冰期时这里曾是一片汪洋。

其次，台湾海峡水深较浅，海平面只要下降40米，浅滩带就能露出海面。以当今的海平面为准，结合全球性冰川活动和气候波动研究，冰期以来，台湾海峡海平面有3次下降幅度可能超过40米，说明了东山陆桥的存在。

另外，左镇人很可能是"山顶洞人"的一支。尽管周口店龙骨山距离台湾十分遥远，但是，由于生活习性和索取食物的方式所致，古人类是非常擅长奔

高山族 我国少数民族之一，主要居住在我国台湾省，也有少数散居在大陆福建、浙江等沿海地区。高山族有自己的语言，没有本民族文字。散居于大陆的高山族通用汉语文。居住在台湾的高山族有自己独特的文化艺术，他们口头文学很丰富，有神话、传说和民歌等。高山族的手工工艺主要有纺织、竹编、藤编、剡木、雕刻、削竹和制陶等。

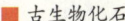
■ 古生物化石

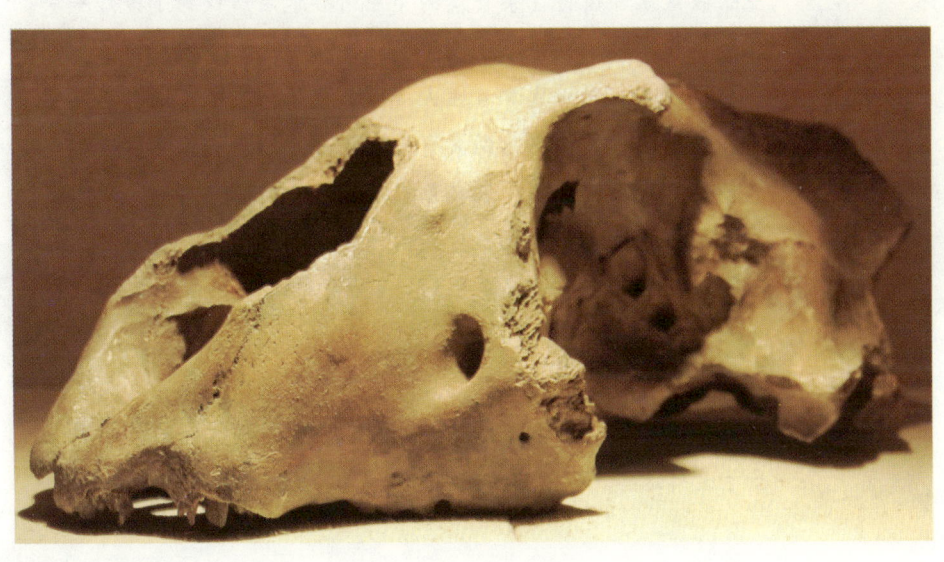

■ 旧石器时期人类使用的工具

走的。山顶洞人遗存中的海蚶壳，说明当时他们的活动范围已远及海边，并且极富开拓精神。

这些都说明了，最迟在距今3万~2万年以前，台湾岛上就已经开始有人类居住了。"左镇人"是西部"长滨文化"的主人。长滨文化是台湾旧石器时期晚期的代表性文化，因此，左镇人可能也是使用石片器、砾石器和骨角器，以渔猎为生的旧石器时期的人类。

阅读链接

1970年夏季，台湾省台南县左镇乡当地居民在菜寮溪溪谷采到一块灰红色的古人类化石。1971年初冬，由古生物化石的业余收藏家郭德铃在菜寮溪的臭屈河谷地层所找到了另外一块人类化石。

1972年，台湾大学考古人类学系教授宋文薰偕同台湾博物馆几名工作人员，一起到菜寮溪发掘古生物化石，并顺道参观郭德铃的化石收藏品。宋文薰发现这些收藏品中有一块疑为人类头骨的化石。该块化石后来由日本学者鹿间时夫带回日本做鉴定，并认为这是一块距今3万~1万年的人类头骨右顶骨残片化石。

1976年，关于这些头骨化石的报告正式在《日本人类学会期刊》上发表，由于该批化石都是在左镇附近找到的，学界人士于是将这些化石的前身定名为"左镇人"。